W0059706

In der gleichen Reihe erschienen:

Wir freuen uns über Ihr Interesse an diesem Buch. Gerne stellen wir Ihnen kostenlos
zusätzliche Informationen zu diesem Programmsegment zur Verfügung.

Bitte sprechen Sie uns an:

E-Mail: walhalla@walhalla.de
http://www.walhalla.de

Walhalla Fachverlag · Haus an der Eisernen Brücke · 93059 Regensburg
Telefon (09 41) 5 68 40 · Telefax (09 41) 5 68 4 111

Dennis Winkler

# SCHNELLKURS

# AKTIEN

- Die Erfolgsgeheimnisse für Einsteiger
- Gewinnen mit den neuen Boom-Branchen

WALHALLA
FACHVERLAG

## Die Deutsche Bibliothek – CIP-Einheitsaufnahme

**Winkler, Dennis:**
Schnellkurs Aktien : die Erfolgsgeheimnisse für Einsteiger ; gewinnen mit den neuen Boom-
Branchen / Dennis Winkler. – Regensburg : Walhalla-Fachverl., 2000
   (Geld & Gewinn)
   ISBN 3-8029-3689-2

Zitiervorschlag:
**Dennis Winkler,** Schnellkurs Aktien
Regensburg, 2000

**Hinweis:** Unsere Werke sind stets bemüht, Sie nach bestem Wissen zu informieren.
Die vorliegende Ausgabe beruht auf dem Stand von Januar 2000. Verbindliche Auskünfte holen
Sie gegebenenfalls bei Ihrem Steuerberater oder Rechtsanwalt ein.

© Walhalla u. Praetoria Verlag GmbH & Co. KG, Regensburg
   Alle Rechte, insbesondere das Recht der Vervielfältigung und Verbreitung
   sowie der Übersetzung, vorbehalten. Kein Teil des Werkes darf in irgendeiner Form
   (durch Fotokopie, Datenübertragung oder ein anderes Verfahren) ohne schriftliche
   Genehmigung des Verlages reproduziert oder unter Verwendung elektronischer
   Systeme gespeichert, verarbeitet, vervielfältigt oder verbreitet werden.
   Produktion: Walhalla Fachverlag, 93042 Regensburg
   Umschlaggestaltung: Gruber & König, Augsburg
   Druck und Bindung: Westermann Druck Zwickau GmbH
   Printed in Germany
   ISBN 3-8029-3689-2

*Nutzen Sie das Inhaltsmenü:*
*Die Schnellübersicht führt Sie zu Ihrem Thema.*
*Die Kapitelüberschriften führen Sie zur Lösung.*

Schnellübersicht

Schnellübersicht

# Geldstrategie Aktienanlage

Die Aktienanlage gewinnt immer mehr an Bedeutung: Zum einen wächst die Anzahl der Menschen, die sich mit dem Sparbuch als Geldanlage nicht mehr abfinden wollen, zum anderen wächst das Bedürfnis nach finanzieller Unabhängigkeit – gerade im Hinblick auf die Absicherung im Alter. Der moderne und aufgeschlossene Anleger wünscht sich eine rentable Geldanlage mit Zukunft.

Dieses Buch zeigt praxisnah, wie der Leser sein Geld in Form von Aktien gewinnbringend anlegen kann, um seiner finanziellen Freiheit näher zu kommen. Erläutert werden:

- Allgemeine Grundlagen zum Thema Aktien

- Wichtige Kennzahlen der Aktienanalyse

- Methoden der fundamentalen und technischen Aktienanalyse

- Erfolgversprechende Zukunftsbranchen

- Strategien zum Erfolg

Des weiteren werden praxisrelevante Tipps zum Thema Aktienkauf sowie zur gezielten Informationsgewinnung vermittelt.

Ein Hauptschwerpunkt liegt auf folgenden Zukunftsbranchen:

- Informationstechnologie

- Telekommunikation

- Biotechnologie

- Umwelttechnologie

Ein Investment in diesen innovativen Branchen kann sich lukrativ entwickeln, da diese die Triebfeder für die Weltwirtschaft bilden.

*Dennis Winkler*

# Abkürzungen

| | |
|---|---|
| ADR | American Depositary Receipts |
| AG | Aktiengesellschaft |
| AOL | America Online |
| AS | Altersvorsorge-Sondervermögen |
| DAI | Deutsches Aktieninstitut |
| DAX | Deutscher-Aktien-Index |
| DMS | Dokument Management System |
| DSL | Digital Subscriber Line Chip Set |
| DVFA | Deutsche Vereinigung für Finanzanalyse und Anlageberatung |
| DWDM | Dense Wavelength Division Multiplexer |
| EZB | Europäische Zentralbank |
| ISDN | Integrated Services Digital Network |
| KBV | Kurs/Buchwert-Verhältnis |
| KCV | Kurs/Cash-Flow-Verhältnis |
| KGV | Kurs/Gewinn-Verhältnis |
| PC | Personal-Computer |
| PIN | Persönliche Identifikationsnummer |
| TAN | Transaktionsnummer |
| UMTS | Universal Mobile Telecommunications System |
| VL | Vermögenswirksame Leistungen |
| WAP | Wireless Application Protocol |
| WKN | Wertpapierkennnummer |

# Der Weg durch den „Börsen-Dschungel"

**1**

# Die Aktienkultur in Deutschland

Die Frage, ob es in Deutschland eine Aktienkultur gibt, lässt sich nicht ohne weiteres beantworten. Sicher ist aber, dass wir auf dem richtigen Weg sind, eine solche zu entwickeln. Den Startschuss zu dieser Entwicklung gab die Deutsche Telekom, die es durch massive Werbung schaffte, die Aktie im Volk populär werden zu lassen.

Diese Bestrebungen hinken jedoch der internationalen Entwicklung massiv hinterher. Ein Vergleich mit anderen Staaten zeigt, dass die Deutschen ein Volk von Aktienmuffeln sind. So besaßen 1997 nur ca. 4,1 Millionen Bundesbürger Aktien. Das sind gerade einmal 6,4 Prozent der Gesamtbevölkerung. Der prozentuale Anteil von Aktionären in den Vereinigten Staaten von Amerika beträgt dagegen über 20 Prozent. Noch krasser fällt der Vergleich aus, wenn man ihn mit Staaten wie Schweden durchführt. Hier liegt die Quote sogar bei über 30 Prozent.

Dieses Verhalten der Deutschen ist nicht nachvollziehbar, da die Aktie als Langfristanlage zum Vermögensaufbau konkurrenzlos dasteht. Es lässt sich nur durch die Risikoaversion der Deutschen erklären, die lieber ihr Geld auf das Sparbuch legen, wo sie in den meisten Fällen noch nicht einmal einen Inflationsausgleich bekommen, von Vermögensaufbau ganz zu schweigen.

Die Mehrzahl der Deutschen sieht nur das Risiko, aber nicht die Chancen eines Engagements in Aktien. Analysen zeigen, dass die Wahrscheinlichkeit, mit Aktien eine hohe Rendite zu erzielen, mit der Anlagedauer sprunghaft ansteigt. Wer also sein Geld für zwanzig oder mehr Jahre in Aktien anlegt, der hat mit an Sicherheit grenzender Wahrscheinlichkeit eine jährliche Rendite erzielt, die weit über der einer anderen Anlageform liegt.

Es sind nun erste Anzeichen erkennbar, dass die Deutschen ihr Misstrauen ablegen, jedoch vollzieht sich diese Wandlung nur sehr langsam. So ist laut den Informationen des Deutschen Aktieninstituts (DAI) die Zahl der Aktionäre zwischen 1996 und 1997 um rund 300.000 gestiegen.

Die Entwicklung zur Aktie wird sich in den nächsten Jahren noch verstärken, da eine sichere Altersvorsorge wohl nicht mehr aus staatlichen Quellen gesichert scheint. Gerade für die Altersvorsorge ist die Aktie prädestiniert, da sich der Sparzeitraum doch auf viele Jahrzehnte beläuft.

Die Anzeichen stehen also auf grün, dass der Aktie die Zukunft gehört. Daher ist es mehr als wahrscheinlich, dass in Deutschland sich im Laufe der nächsten Jahre eine Aktienkultur entwickeln wird.

## Was sind Aktien?

Aktien verbriefen Anteile an einem Unternehmen. Die Inhaber dieser Aktien werden als Aktionäre bezeichnet. Sie sind so direkt am Unternehmen beteiligt. Sie erhalten meist eine Gewinnbeteiligung in Form einer Dividende.

Der Wert der Aktien kann zum Teil massiv schwanken, ja sogar Wertverluste sind möglich. Daher werden Aktien auch als Risikopapiere bezeichnet. Jedoch zeigt die Vergangenheit, dass sich bis jetzt ein Engagement in Aktien immer gelohnt hat, sofern man die Aktie als Langfristanlage betrachtet hat.

Selbst wenn man kurz vor einem Börsencrash Aktien erworben hätte, würde man einige Zeit später doch einen Gewinn erzielen. Hätte man beispielsweise direkt vor dem großen Börsencrash 1987 Aktien erworben, so hätte man heute immer noch eine erstaunliche Rendite erzielt.

Dass diese Strategie richtig ist, zeigt das Beispiel des berühmten Großanlegers Warren Buffet, welcher heute der zweitreichste Mann Amerikas ist. Er hat sein Vermögen von mehreren Milliarden Dollar allein durch die geschickte Auswahl von Aktien erworben. Er erkannte damals schnell, dass man nur mit Aktien, also durch wirtschaftliche Aktivitäten, Geld aus Geld machen konnte.

## Was sind Dividenden?

Bei der Anlage in Aktien verfolgt der Aktionär meist das Ziel, steuerfreie Kursgewinne zu erzielen. Dabei wird oft vergessen, dass Aktien auch eine weitere Gewinnmöglichkeit besitzen, nämlich Dividenden. Sie sind zwar meistens nur ein Zubrot, jedoch kann diese Gewinnmöglichkeit in Einzelfällen Renditen abwerfen, die über dem Sparbuchzinssatz liegen.

Nun stellt sich die Frage, was eigentlich Dividenden sind. Die Dividende ist ein Teil des Bilanzgewinns einer Aktiengesellschaft. Sie wird einmal pro Jahr, einen Tag nach der Hauptversammlung, dem Aktionär ausgezahlt. Der Zeitpunkt der Zahlung ist hier jedoch von Unternehmen zu Unternehmen unterschiedlich.

Die Höhe wird auf der Hauptversammlung durch Mehrheitsbeschluss festgelegt. Sie wird im Vorfeld vom Vorstand und vom Aufsichtsrat des jeweiligen Unternehmens vorgeschlagen.

**Wichtig:** Zu beachten ist aber, dass in der Regel nur ein Teil des Bilanzgewinnes als Dividende ausgeschüttet wird. Dieser einbehaltene Gewinn wird von den Unternehmen zum Beispiel für neue Investitionen genutzt. Daher gibt es auch Firmen, die gar keine Dividende ausschütten, obwohl sie glänzende Gewinne einfahren. Bei diesen Unternehmen handelt es sich meist um so genannte Wachstumsunternehmen, die das Geld lieber in das Wachstum des Unternehmens investieren, als es an die Aktionäre auszuschütten.

Jedoch trifft dies für die Standardunternehmen nicht zu, sie schütten regelmäßig Dividenden aus. Hier lässt sich ein Zusammenhang mit dem Gewinn eines Unternehmens herstellen. Wenn die Gewinne eines Unternehmens steigen, so steigt in der Regel auch die Dividende. Sinkt der Gewinn, so sinkt die Dividende.

In Krisenzeiten, wo ein Unternehmen Verluste schreibt, bleiben Dividendenzahlungen aus. Wichtig hierbei ist auch, dass Aktionäre, außer die von Vorzugsaktien, keinen Anspruch auf eine Dividendenzahlung haben.

## Welche Aktienarten gibt es?

Bei den Aktien gibt es große Unterschiede hinsichtlich der Rechte, die ein Aktionär hat, sowie der Handelbarkeit der Aktien. Die wichtigsten Aktien werden nun im Folgenden kurz dargestellt.

### Inhaberaktien

Inhaberaktien sind die gebräuchlichste Form in der Bundesrepublik Deutschland. Sie sind einfach handelbar, da immer der Inhaber der Aktie auch der Eigentümer ist.

### Namensaktien

Namensaktien lauten immer auf den Namen des Aktionärs. Sein Name ist auf der Rückseite der Aktie eingetragen. Das bedeutet, dass die dort eingetragene Person Eigentümer ist und nicht derjenige, der die Aktie besitzt.

**Wichtig:** Will der Aktionär von seinen Rechten, wie das Stimmrecht oder sein Dividendenbezugsrecht, Gebrauch machen, so muss er in das Aktionärsbuch der Gesellschaft eingetragen werden. Sollte ein Eigentümerwechsel stattfinden, also beispielsweise durch Kauf oder Verkauf, so muss die Eintragung im Aktionärsbuch ebenfalls geändert werden.

### Vinkulierte Namensaktien

Für vinkulierte Namensaktien gelten die gleichen Bedingungen wie für reine Namensaktien, nur mit einer Ausnahme: Die Eintragung in das Aktionärsbuch ist von der Zustimmung der Gesellschaft abhängig. So will die Gesellschaft Einfluss auf die Aktionärsstruktur nehmen. Das heißt, die Gesellschaft kann die Zustimmung für die Eintragung verweigern, um zum Beispiel Großanlegern eine größere Einflussnahme auf das Unternehmen zu untersagen.

## Der Weg durch den „Börsen-Dschungel"

*Stamm- und Vorzugsaktien*

Neben den eben erwähnten Aktientypen unterscheidet man noch zwei weitere: Zum einen die Stammaktie, zum anderen die Vorzugsaktie.

Die Stammaktie ist die normale Form von Aktien. Hier kann der Aktionär aufgrund seines Stimmrechtes direkten Einfluss auf die Unternehmenspolitik nehmen. Er erhält, wenn das Unternehmen Gewinne erwirtschaftet, eine Dividende. Ein Anrecht auf Zahlung hat er jedoch nicht.

Da das oben genannte Stimmrecht vorhanden ist, spielen gerade diese Aktien eine entscheidende Rolle, wenn es um Unternehmensübernahmen geht. Dann stehen die Stammaktien im Mittelpunkt des Interesses. Dies ist auch ganz klar, denn nur mit stimmberechtigten Aktien kann man die Mehrheit der Stimmen auf der Hauptversammlung hinter sich vereinen, um somit die Übernahme durchzuführen.

Ganz anders sieht dies bei den Vorzugsaktien aus. Diese besitzen in der Regel kein Stimmrecht. Dennoch sind es lukrative Papiere, da die Dividende meist höher ausfällt als bei den Stammaktien (auch Stämme genannt). Weiterhin notieren viele Kurse von Vorzugsaktien unter denen der Stammaktien. Ein Anleger muss also weniger Geld investieren, um dann noch eine höhere Dividende einstreichen zu können.

Auf diese Dividende hat der Aktionär ein verbrieftes Recht. Kann das Unternehmen aufgrund einer Verlustphase die Dividende nicht zahlen, so muss sie in späteren Jahren als Nachzahlung nachgeliefert werden. Weiterhin erhalten die Vorzugsaktien in diesem Falle, je nach Satzung der Gesellschaft, das Stimmrecht.

Die Vorzugsaktionäre haben also in der Regel nichts zu sagen. Sie dienen nur als Geldgeber. Dies ist aber auch nicht so tragisch, wenn man bedenkt, dass viele Stammaktionäre ihr Stimmrecht auch nicht wahrnehmen, und ihr Stimmrecht auf andere wie z. B. die Depotbank übertragen. Diese Aktionäre haben dann quasi auch kein Stimmrecht und bekommen dafür auch noch eine geringere Dividende.

Die Vorzugsaktien sind aber von ausländischen Anlegern keine gern gesehenen Aktien, da sie es gewohnt sind, ein Stimmrecht zu besitzen. Daher werden diese Aktien von diesen Gruppen oft nicht beachtet. Im Rahmen der weiteren Europäisierung ist folglich damit zu rechnen, dass diese Aktienart in einigen Jahren keine nennenswerte Bedeutung mehr besitzt.

Ein anderes Beispiel sind die Aktien der Firma SAP, diese notieren derzeit mit beiden Aktiengattungen an der Börse. Jedoch mit einem Unterschied, die Vorzüge besitzen eine höhere Marktkapitalisierung als die Stammaktien. Daraufhin wurden die Vorzugsaktien in den Deutschen Aktienindex (DAX) aufgenommen. Nur hierdurch ist es zu erklären, dass die Vorzugsaktien einen höheren Kurs aufweisen als die Stämme.

*Nenn- und Stückaktien*

Der Nennwert der heute an den deutschen Börsen gehandelten Aktien liegt meist bei 5 DM. Eine Aktie repräsentiert damit genau 5 DM vom Grundkapital des Unternehmens.

In den USA dagegen sind traditionell Stückaktien die gebräuchlichste Form. Hier entspricht eine Aktie genau einem Anteil am Unternehmen. Besitzt die Gesellschaft zum Beispiel ein Grundkapital von 2 Millionen DM und hat 200.000 Aktien ausgegeben, so entspricht der Wert der Stückaktie gleich 2 Millionen/200.000, also 10 DM des Grundkapitals.

Im Zuge der gemeinsamen europäischen Währung werden wohl die Nennwertaktien ganz verschwinden, da durch den EURO eine Änderung des Grundkapitals notwendig wird. Es ist einfacher, eine solche Umstellung von Nennwertaktie auf Stückaktie durchzuführen, als das Grundkapital abzuändern.

Dass diese Notwendigkeit besteht, wird im Folgenden deutlich:

Wenn der Nennwert einer Aktie sich auf 5 DM beläuft, so ergibt dies bei einem Umrechnungskurs von schätzungsweise 0,51 EURO/DM einen Nennwert von 2,55 EURO. Da dies keine ganze Zahl ist, müsste der Nennwert dann auf 2 EURO gesenkt bzw. auf 3 EURO erhöht werden. Dies erfordert dann aber auch die oben angesprochene Veränderung des Grundkapitals der Gesellschaft. Bei einer Erhöhung müsste eine Kapitalerhöhung durchgeführt werden mit dem Ergebnis, dass der Aktionär die erhöhten Kosten zu tragen hätte. Bei einer Absenkung des Grundkapitals könnte die Börse dieses als schlechte Gewinnerwartung missdeuten, und es würde zu Kursverlusten führen.

Daher ist eine reine Umstellung von Nennwert- auf Stückaktien die einfachste und aktionärsfreundlichste Alternative.

*Belegschaftsaktien*

Es gibt noch eine Sonderart von Aktien. Die so genannten Belegschaftsaktien. Diese werden nicht an der Börse gehandelt. Sie unterliegen einer Sperrfrist von sechs Jahren. Das heißt, die Eigentümer dieser Aktien können erst sechs Jahre nach Kauf dieser Belegschaftsaktien diese verkaufen.

**Praxis-Tipp:**

Belegschaftsaktien können, wie der Name schon sagt, nur Mitarbeiter in diesem Unternehmen erwerben, jedoch zu Vorzugspreisen, so dass sich, wenn die Möglichkeit besteht, jeder solche Aktien kaufen sollte.

**Klassifikation von Aktien**

Aktien werden in der Regel in vier große Klassen unterteilt. Man unterscheidet zyklische, defensive, dividendenstarke und wachstumsstarke Aktien.

*Zyklische Werte*

Als zyklische Aktien werden Aktien bezeichnet, die aufgrund unterschiedlicher Konjunkturzyklen verschiedene Kursverhaltensweisen zeigen.

So weisen die Unternehmen dieser Aktien unterschiedliche Gewinnerwartungen auf. Bei einem konjunkturellen Aufschwung steigen bei diesen Unternehmen die Gewinne, bei einem konjunkturellen Abschwung dagegen weisen sie rückläufige Gewinne auf.

Da die Gewinnentwicklung nun direkten Einfluß auf die Kursentwicklung besitzt, steigen oder fallen die Kurse entsprechend.

**Praxis-Tipp:**

- Bei zyklischen Aktien entscheidet der Einstiegszeitpunkt über den Erfolg des Investments. Folglich sollten diese Aktien auf dem Höhepunkt der Konjunktur gemieden werden.

- Als typische Vertreter gelten Branchen wie der Maschinenbau oder die Chemie.

*Defensive Werte*

Die defensiven Werte stellen das Gegenteil zu den zyklischen Werten dar. Sie sind nicht konjunkturabhängig, sondern weisen über den gesamten Konjunkturzeitraum eine gleich bleibende oder steigende Gewinnentwicklung auf. Sie sind also rezessionsresistent.

Als typische Vertreter gelten z. B. die Pharmaunternehmen, denn Medikamente werden auch in einer Rezession gebraucht. Das gleiche gilt auch für die Energiebranche. Versorgertitel (Energielieferanten) haben auch bei einer wirtschaftlichen Flaute einen nahezu gleich hohen Absatz ihrer Produkte.

Eine weitere nicht zu verachtende Branche, nämlich die Nahrungsmittelindustrie, gehört ebenfalls in diese Gattung, werden doch Lebensmittel auch in Rezessionszeiten verkonsumiert.

*Dividendenstarke Werte*

Dividendenstarke Werte zeichnen sich durch eine überdurchschnittliche Dividendenrendite aus. Daher sind sie vor massiven Kursverlusten abgesichert.

**Der Weg durch den „Börsen-Dschungel"**

**Wichtig:** Die Vergangenheit hat gezeigt, dass dividendenstarke Werte eine höhere Kurschance besitzen als dividendenschwache Werte, da diese von den Anlegern bevorzugt werden.

*Wachstumsaktien*

Wachstumsaktien zeichnen sich durch eine überdurchschnittliche Gewinn- und Umsatzwachstumsrate aus. Sie schütten in der Regel keine oder nur eine sehr geringe Dividende aus. Die Dividende wird lieber in das Wachstum des Unternehmens investiert, als sie an die Aktionäre auszuzahlen.

Diese Strategie ist auch richtig, verschlingen doch Forschungen und Modernisierungen viel Geld. Nur durch diese Refinanzierung ist es gewährleistet, dass das Wachstum auch in Zukunft anhalten kann.

Die Volatilität solcher Aktien und damit das Risiko ist natürlich größer. Aber wo Risiken sind, da sind auch Gewinnchancen, so dass Wachstumsaktien in keinem zukunftsträchtigen Portfolio fehlen dürfen.

*Qualitätsaktien*

Qualitätsaktien bilden keine Aktienklassifikation. Sie dienen lediglich als Ergänzung zu den eben vier vorgestellten Arten. Dieser Sachverhalt ergibt sich aus der Tatsache, dass sich Qualitätsaktien in allen Aktienklassen wieder finden.

**Wichtig:** Qualitätsaktien zeichnen sich durch folgende Punkte aus:

- Sie besitzen eine hohe Ertragskraft
- eine gute Eigenkapitalausstattung
- eine hohe Selbstfinanzierungkraft
- ein kostenbewusstes Management
- eine zukunftsgerichtete Produktpalette

**Goldminenaktien**

An dieser Stelle soll näher auf das Gold bzw. auf Goldminenaktien eingegangen werden.

Goldminenaktien sind Aktien von so genannten Rohstoffunternehmen. Diese fördern das Gold aus natürlichen Lagerstätten und verkaufen es am Markt. Der Gewinn dieser Unternehmen ist folglich vom erzielten Goldpreis abhängig.

Der Grund, warum in Goldminenaktien investiert werden sollte anstatt in reinem Gold, liegt an der überdurchschnittlichen Partizipation dieser Unternehmen am Goldkurs. Steigt der Goldkurs um ein Prozent, so steigen die Aktien um ein Vielfaches davon. Im Umkehrschluss dagegen verlieren Goldminenaktien auch stärker an Wert, wenn der Goldkurs fällt.

**Praxis-Tipp:**

Wenn man schon in Gold investieren möchte, dann sollte man dies in Form von Goldminenaktien tun, da die Gewinnmöglichkeiten hier wesentlich höher sind.

Aber um es vorwegzunehmen, es gibt bessere Investmentmöglichkeiten. Im Folgenden soll auf die Entwicklung der letzten Jahre näher eingegangen werden:

Gold hat in den vergangenen Jahren massiv an Wert verloren. Seinen Höchststand hatte es am 21. Januar 1980, als die sowjetischen Truppen in Afghanistan einmarschierten. Der Kurs stand damals bei über 850 US-Dollar je Feinunze Gold (ca. 31 Gramm). Seit diesem Zeitpunkt befindet es sich auf einer Talfahrt. Heute steht der Kurs bei ca. 300 US-Dollar. Sie sehen also den rapiden Wertverfall.

Ob ein Ende abzusehen ist, ist schwer zu beurteilen. Fakt ist aber, dass das Gold seinen früheren Glanz verloren hat. In zunehmendem Maße verzichten die Notenbanken der Länder darauf, große Mengen an Gold zu halten. In den letzten Jahren haben sie ihren Goldbestand kontinuierlich zurückgeführt, und ein Ende ist noch nicht abzusehen. So teilte kürzlich die Europäische Zentralbank (EZB) mit, sie wolle zukünftig die Goldquote von 20 Prozent auf nur 15 Prozent zurückführen.

**Der Weg durch den „Börsen-Dschungel"**

Über diese Maßnahme lässt sich streiten, aber Fakt ist auch, dass es in der heutigen Zeit bessere Absicherungsmöglichkeiten an den Finanzmärkten gibt als Gold, so dass eine Reduzierung gar nicht so falsch erscheint.

Es wird geschätzt, dass in den Kellern der Notenbanken die 15fache Jahresproduktion von Gold liegt.

Einen weiteren Aspekt stellen die asiatischen Länder dar. Diese waren bis vor kurzer Zeit die Hauptabnehmer des Goldes. Dieser Markt ist aber infolge der Asienkrise weggebrochen, und ein Ende der Krise ist zur Zeit auch noch nicht abzusehen. Folglich ist nicht davon auszugehen, dass sich der Goldkurs in absehbarer Zeit wieder erholt.

**Wichtig:** Ein Investment in Gold ist daher, wenn überhaupt, nur als Depotbeimischung zu empfehlen.

## Die Hauptversammlung und die Rechte der Aktionäre

Bei einer Aktiengesellschaft wird einmal im Jahr zur Hauptversammlung geladen. Dies ist ein Treffen der Aktionäre, bei dem über das abgelaufene Geschäftsjahr debattiert wird. Die Manager des Unternehmens sollen dabei den Geschäftsverlauf und die genauen Gewinn- und Umsatzzahlen darlegen.

Sie müssen sich ferner den Fragen der Aktionäre stellen, Gründe für ihre Handlungsweisen darlegen und sich das Lob, aber auch die Kritik der Aktionäre anhören. Die Aktionäre haben Stimm- und Rederecht auf der Hauptversammlung!

In jeder Hauptversammlung wird über die Entlastung von Vorstand und Aufsichtsrat abgestimmt. Das heißt, die Aktionäre müssen mit ihrer Stimme entscheiden, ob sie das Verhalten des Vorstandes im abgelaufenen Geschäftsjahr billigen oder nicht bzw. ob sie mit der Unternehmenspolitik einverstanden waren oder nicht. Kurzum: Die Aktionäre sollen dem Management ihr Vertrauen aussprechen.

Eine weitere Abstimmung findet auf der Hauptversammlung statt. Es wird über die vom Vorstand und dem Aufsichtsrat vorgeschla-

gene Dividendenhöhe abgestimmt. Die Aktionäre entscheiden also, wie der Gewinn des Unternehmens verteilt werden soll. Wichtig ist die Stimme aber auch für zu beschließende Satzungsänderungen oder Ähnliches.

Leider wird aber von vielen Aktionären das Stimmrecht nicht ausgeübt. Sie haben entweder keine Zeit oder übertragen das Recht lieber ihrer Depotbank. Das ist in zweierlei Hinsicht nicht von Vorteil:

- Die Banken bekommen noch mehr Einfluss auf die Unternehmenspolitik.

- Es können so Mehrheitsverhältnisse entstehen, die sich mit den Interessen der Kleinanleger nicht vereinbaren lassen. Es wird hier nur auf die so genannte Sperrminorität, bei einem Stimmrechtsanteil von 25 Prozent, hingewiesen, mit der alle wichtigen Entscheidungen blockiert werden können.

**Praxis-Tipp:**

Es ist jedem Anleger nur anzuraten, die Hauptversammlungen zu besuchen, zumal dabei noch eine lukrative Naturaldividende in Form von Essen und Getränken abfällt. Sollte ein Anleger nicht erscheinen können, so sollte er auf die Übertragung des Stimmrechts auf die Bank verzichten und es lieber einer Aktionärsvereinigung übertragen, die dann mit gebündelten Stimmrechten die Interessen gerade der Kleinanleger vertreten kann.

---

**Alle Aktionärsrechte auf einen Blick**

- Teilnahmerecht auf der Hauptversammlung

- Stimmrecht

- Rederecht zu Tagesordnungspunkten

- Fragerecht zu Tagesordnungspunkten

- Recht zur gerichtlichen Erzwingung von Auskünften

---

# Den Kursteil einer Zeitung verstehen

Der Kursteil einer Zeitung enthält oft Abkürzungen, die gerade von Aktienanfängern oft nicht oder nur falsch interpretiert werden. Doch hinter den Zahlenkolonnen und Abkürzungen steht ein System, aus dem man eine Unmenge von Informationen beziehen kann.

Der Kursteil besteht aus einer Tabelle. Im Tabellenkopf stehen die Rubriken, welche im Folgenden näher beschrieben werden sollen. Neben dem Namen der Gesellschaft steht meist eine Wertpapierkennnummer. Diese Wertpapierkennnummer ist eine eindeutige Indentifikationsnummer für Wertpapiere.

Weiterhin findet sich eine Rubrik, die angibt, an welchem Börsenplatz Aktien gehandelt werden. Die Börsenplätze werden dabei mit Abkürzungen versehen.

- **D**    Düsseldorf
- **M**    München
- **B**    Berlin
- **Br**    Bremen
- **H**    Hamburg
- **Hn**    Hannover
- **S**    Stuttgart

Zusätzlich existieren in einigen Zeitungen noch weitere Rubriken:

- **Hoch/Tief**: Hinter dieser Rubrik verbergen sich die Hoch- bzw. Tiefstkurse der letzten zwölf Monate.

- **Marktkapitalisierung**: Die Marktkapitalisierung gibt an, wie hoch der Wert eines Unternehmens ist. Sie errechnet sich aus der Anzahl der im Umlauf befindlichen Aktien, multipliziert mit dem aktuellen Börsenkurs der Aktien.

- **Ergebnis je Aktie**: Das Ergebnis je Aktie ist der gesamte Unternehmensgewinn, dividiert durch die Anzahl der ausgegebenen Aktien. Es ist also der Gewinn je Aktie. Diese Kennzahl bildet die Grundlage für die Berechnung des Kurs/Gewinn-Verhältnisses.

- **KGV**: Kurs/Gewinn-Verhältnis

- **KCV**: Kurs/Cash-Flow-Verhältnis

- **KBV**: Kurs/Buchwert-Verhältnis

  Die Kennzahlen KGV, KCV und KBV und deren Bedeutung werden auf Seite 94 ff. näher erläutert.

- **Börsenwert je 1 DM Umsatz**: Diese Kennzahl gibt an, wie hoch eine DM Umsatz an der Börse bewertet wird. Sie dient zum Vergleich innerhalb einer Branche und signalisiert Über- oder Unterbewertungen. Dabei errechnet sich diese Kennzahl durch die Division von Marktkapitalisierung durch den Jahresumsatz.

Neben diesen Rubriken gibt es noch andere Abkürzungen. So stehen hinter einigen Kursen z.B. folgende Buchstaben oder Buchstabenkombinationen:

---

## Typische Börsenkürzel

- **b oder kein Zusatz** – *bezahlt:* Das Verhältnis von Angebot und Nachfrage war ausgeglichen. Alle Order sind ausgeführt worden.

- **G** – *Geld:* Zu diesem Kurs lagen dem Makler nur Kaufaufträge vor. Es kam kein Umsatz zustande.

- **B** – *Brief:* Dem Kursmakler lagen nur Verkaufsaufträge vor. Es kam kein Umsatz zustande.

- **bG** – *bezahlt Geld:* Limitierte Kauforders müssen nicht vollständig ausgeführt worden sein. Es bestand noch eine weitere Nachfrage.

- **bB** – *bezahlt Brief:* Limitierte Verkaufsaufträge müssen nicht vollständig ausgeführt worden sein. Es bestand noch ein weiteres Angebot.

- **rG** – *rationiert Geld:* Die Nachfrage zum festgelegten Kurs war so groß, dass die Kaufaufträge nur beschränkt ausgeführt wurden.

---

*noch: Typische Börsenkürzel*

- **rB** – *rationiert Brief:* Das Angebot zu dem festgestellten Kurs war so groß, dass die Verkaufsaufträge nur beschränkt ausgeführt wurden.

- **T** – *Taxe*: Der Makler konnte keinen Kurs festsetzen. Der Kurs wurde vom Makler geschätzt.

- **exD** – *ex Dividende*: Dieser Zusatz erscheint einen Tag nach der Dividendenzahlung. Er sagt aus, dass an diesem Tag die Dividende vom Kurs abgezogen wurde, da sie ja ausgezahlt wurde.

- **exBR** – *ex Bezugsrecht*: Dieser Zusatz sagt aus, dass die Aktien ohne das Bezugsrecht der neuen Aktien gehandelt wurden.

- **exBA** – *ex Berichtigungsaktie*: Der Zusatz steht hinter dem Kurs, wenn eine Aktiengesellschaft ihr Kapital durch Berichtigungsaktien berichtigt hat.

- **„–"** – *gestrichen*: Es bestand weder eine Nachfrage noch ein Angebot.

# Die Sprache der Börsianer und Analysten

Die Börsianer benutzen für steigende und fallende Aktienkurse bestimmte Synonyme. So stehen Namen wie „behauptet", „gehalten" oder „uneinheitlich" für eine Seitwärtsbewegung der Kurse, das heißt, für eine Tendenz, wobei die Kurse sich kaum oder gar nicht verändert haben.

Namen wie „freundlich", „fest" oder „sehr fest" stehen für steigende Kurse. Dagegen „schwach", „sehr schwach" oder „rückläufig" stehen für fallende Kurse.

### Die Sprache der Analysten

Analysten benutzen bei ihrer Wortwahl meist Synonyme für das, was sie meinen. Wenn ein Analyst eine Aktie für schlecht hält, so sagt er in der Regel, „die Aktie sollte man halten". Manchmal suggerieren sie auch etwas Positives, obwohl etwas Negatives gemeint ist. So bedeutet etwa „die Aktie ist ein fundamentaler Kauf" nichts anderes, als dass man diese Aktie schleunigst verkaufen sollte.

*Aber welchen Grund gibt es für diese Ausdrucksweise?*

Nun, der Grund liegt darin, dass Analysten nicht unabhängig sind. Sie sind meist Angestellte einer Bank, die wiederum Kredite an die jeweiligen Firmen vergibt. Sollte nun ein Analyst dieser Bank die Aktie zum Verkauf empfehlen, so würde er dem Unternehmen schaden. Dies könnte sich dann negativ auf die Kredite auswirken. Deshalb werden solche Verkaufsempfehlungen meistens schöngeredet.

# Wie entsteht ein Kurs?

Die Börse ist ein Markt, folglich verhält sie sich auch danach. Angebot und Nachfrage bestimmen den Preis. Man kann sie praktisch mit einem Wochenmarkt vergleichen. Mit einem Unterschied, es werden keine physischen Gegenstände gehandelt. Soll heißen, es wird nicht mit greifbaren Produkten gehandelt. Kein Börsianer schleppt Tausende von Aktien mit sich herum und verkauft bzw. kauft diese, sondern die Transaktionen werden nur virtuell durchgeführt. Die Verbuchung dieser Transaktionen erfolgt dabei auf Konten.

Die Preisfindung erfolgt jedoch ähnlich wie auf dem Wochenmarkt. Die Makler sind bemüht, den größtmöglichen Umsatz der jeweiligen Aktien zu erreichen. Es wird folglich der Preis festgesetzt, wobei die meisten Kauf- bzw. Verkaufsaufträge ausgeführt werden können. Um den Begriff der Preisfestsetzung besser zu verdeutlichen, folgt ein kurzes Beispiel:

**Beispiel:**

Der für die Aktie der „Muster AG" zuständige Makler hat fünf Kauf- und fünf Verkaufsangebote zu unterschiedlichen Preisen zu je 100 Stück:

Die Käufer sind bereit zu zahlen: 113 DM, 114 DM, 115 DM, 116 DM und 117 DM.

Die Verkäufer wollen mindestens: 117 DM, 116 DM, 115 DM, 114 DM und 113 DM als Verkaufserlös erzielen.

Daraus ergeben sich folgende Umsätze:

| Kurs | Anzahl der Käufer | Anzahl der Verkäufer | Umsatz in Stück |
|------|------|------|------|
| 113 | 5 | 1 | 100 |
| 114 | 4 | 2 | 200 |
| 115 | 3 | 3 | 300 |
| 116 | 2 | 4 | 200 |
| 117 | 1 | 5 | 100 |

Der Umsatz ist bei einem Kurs von 115 DM am größten, nämlich 300 Stück. Folglich würde der Kurs bei 115 DM festgelegt werden. Wäre der Kurs bei 113 DM festgesetzt worden, so hätte es lediglich einen Umsatz von 100 Stück gegeben.

# Woher bekommt man Börseninformationen?

Die reichhaltigste Informationsquelle stellt zur Zeit sicherlich das Internet dar. Auf der Seite 155 ist eine Reihe von Internetadressen aufgelistet, bei denen man viele nützliche Informationen erhält. Neben dieser Informationsquelle ist natürlich auch das Fernsehen mit seinem Videotext eine gute Informationsquelle. Hier sei vor allem auf den Fernsehsender „n-tv" verwiesen, der börsentäglich wichtige Informationen für den Anleger bereit hält. Vor allem die Sendung „Telebörse" sollte einen Partner für jeden Anleger darstellen. Hier erhält der interessierte Anleger Informationen über einzelne Aktien, über Markt- und Kursverläufe. Natürlich fehlen auch keine Unternehmensinformationen, so dass ein Anleger sich ständig auf dem Laufenden halten kann. Die größte Informationsflut stellt dabei der Videotext von „n-tv" dar. Hier findet man die Kurse von vielen Tausend Aktien, Nachrichten aus der Politik und Wirtschaft und natürlich Unternehmensmeldungen.

Das Börsenprogramm startet schon früh mit den „Märkten am Morgen". Hier erhält der Zuschauer Informationen über die New Yorker Börse am Vorabend sowie über die Börsen im asiatischen Raum.

Die Berichterstattung für den deutschen Markt beginnt ab Handelsbeginn. Zur Zeit wird in den Mittagssendungen um 11:30 Uhr, um 12:30 Uhr und um 13:30 Uhr über den deutschen Marktverlauf ausführlichst berichtet.

Um 16:00 Uhr steht dann in der Sendung „Börse live" der Handelsbeginn der New Yorker Börse im Mittelpunkt. Auch am Abend erhält man dann noch Informationen in den Sendungen um 19:15 Uhr und um 22:15 Uhr.

Weitere gute und informative Fernsehsendungen sind:

- 3 Sat-Börse
- Plusminus
- WISO
- Geldbörse

Hervorzuheben ist hierbei die zur Zeit am Freitag um 22:15 Uhr stattfindende Fragesendung. Hier können die Zuschauer einem Börsenexperten Fragen zu einzelnen Aktien oder zu sonstigen Börsenangelegenheiten stellen.

Der Fernsehsender bietet aber noch einen interessanten Punkt: Das Kurslaufband (Börsenticker). Hier kann der Zuschauer beim Fernsehen die aktuellen Kurse der wichtigsten Aktien auf dem Kurslaufband verfolgen.

Der Fernsehsender eignet sich jedoch nicht nur für private Anleger, auch die Profis in den Handelsräumen der Banken sehen ihn oft.

Der Privatanleger erhält so Informationen, die sonst nur Profis vorbehalten waren, und das Ganze noch kostenlos. Daher sollte ein Aktienanleger dieses Informationsmedium unbedingt nutzen.

Zudem gibt es hervorragende Printmedien, die aktuell über das Börsengeschehen informieren, wie „Börse Online", „Finanzen", „Der Aktionär", „BIZZ".

# Märkte und Börsen auf dem Prüfstand

### Die Regionalbörsen

Neben der Hauptbörse in Frankfurt am Main existieren noch diverse kleinere Regionalbörsen. Dies sind eigenständige Börsen, die sich meist auf bestimmte Aktienklassen spezialisiert haben. In der Regel handelt es sich hierbei um Auslandsaktien. Die jeweiligen Börsen haben sich auf Auslandsaktien aus bestimmten Regionen der Erde spezialisiert. So ist beispielsweise die Börse Berlin auf osteuropäische Aktien spezialisiert.

Sie können jedoch auch alle anderen deutschen Aktien dort erwerben. Die Regionalbörsen locken hierbei mit dem Handel von Aktien im variablen Markt, auch bei Kleinstordern. Regionalbörsen gibt es in Düsseldorf, München, Berlin, Bremen, Hamburg, Hannover und Stuttgart.

### Der Neue Markt

Der Neue Markt ist ein neues Börsensegment an der Deutschen Börse. An ihm werden junge, innovative und wachstumsstarke Aktien gehandelt. Der Handel erfolgt ausschließlich per Computer. Aufgrund des erhöhten Risikos ist er nur für spekulative Anleger geeignet.

Dieses Segment ist notwendig, da viele kleinere Unternehmen häufig keine Kredite von den Banken bekommen, da sie keine ausreichenden Sicherheiten hinterlegen konnten oder weil ihr Tätigkeitsfeld zu risikoreich ist. Er stellt damit für diese Unternehmen eine Geldquelle dar.

Hier sind vor allem Hightech-Aktien aus den Bereichen Software, Hardware und Telekommunikation notiert.

Der Start des Neuen Marktes war am 10. März 1997 mit nur zwei Aktien.

Um am Neuen Markt gelistet zu werden, müssen die Unternehmen einige Anforderungen erfüllen:

- **Internationale Transparenz**
  - Quartalsmäßige Berichterstattung über den Geschäftsverlauf.
  - Jahresabschlüsse müssen nach internationalen Rechnungslegungsvorschriften erstellt werden.

- **Aktienart und Anzahl**
  - Es dürfen nur Stammaktien ausgegeben werden.
  - Die Mindeststückzahl der Aktien muss 100.000 Stück betragen.
  - Kurswert aller Aktien muss größer als 10 Millionen DM sein.

- **Kapitalerhöhung**
  - Mindestens 50 Prozent müssen aus einer Kapitalerhöhung kommen.
  - Die Altaktionäre müssen sich verpflichten, mindestens sechs Monate lang zu warten, bis sie ihre eigenen Aktien verkaufen.

**Wichtig:** Der Börsengang ist nur mit einem Betreuer möglich, der die Liquidität des Titels sichert: Der Betreuer muss durch Käufe und Verkäufe der Aktien die Liquidität sichern.

## Der Graue Markt

Als Grauer Markt wird der Telefonhandel bezeichnet. Hier findet kein wirklicher Handel mit Aktien statt, sondern es erfolgt nur eine Vermittlung von Kauf- und Verkaufsaufträgen. Dieser Handel findet nicht an der Börse statt. Es ist das Marktsegment für sehr risikobehaftete Aktien.

Da Anleger heutzutage oft nach Neuemissionen Schlange stehen, kann man diese Aktien schon im Vorfeld im Telefonhandel kaufen oder verkaufen, obwohl es sie noch gar nicht gibt.

## Der Weg durch den „Börsen-Dschungel"

Dieser Handel läuft folgendermaßen ab: Nach Bekanntgabe der Bookbuildingspanne durch die Emissionsbanken wird ein Schätzpreis festgelegt, zu dem die Banken die Aktie kaufen oder verkaufen können.

Angebot und Nachfrage regeln den Markt. Die Lieferung der Aktien erfolgt erst später, also nach der Neuemission. Untersuchungen zeigen, dass der im Telefonhandel ermittelte Kurs bei 70 Prozent der Fälle in etwa der Erstnotiz an der Börse entspricht.

Damit eignet sich dieser ermittelte Telefonhandelskurs als idealer Indikator für die Zeichnungswürdigkeit eines solchen Unternehmens. Liegt der Preis nicht deutlich über der Bookbuildingspanne, so sind die Perspektiven auf einen Zeichnungsgewinn schlecht.

Liegt dagegen der Kurs deutlich über der Bookbuildingspanne, so lohnt sich in der Regel die Zeichnung der Aktie.

## Der Freiverkehr

Der Freiverkehr ist ein weiteres Börsensegment. Hier werden vor allem Aktien mit kleinen oder sehr geringen Umsätzen gehandelt. Hauptsächlich werden hier ausländische Aktien auf DM-Basis gehandelt. Der Kauf und der Verkauf von Aktien unterliegt hier nicht den strengen Vorschriften des amtlichen Handels.

## Der geregelte Markt

Am geregelten Markt werden solche Aktien gehandelt, die die strengen Kriterien für den amtlichen Handel nicht erfüllen. Hierbei handelt es sich meist um Aktien, bei denen täglich nur wenige Stück ge- bzw. verkauft werden, wo also der Börsenumsatz schwach ist. Dabei muss es sich aber nicht nur um kleine Aktiengesellschaften handeln. Meist beruht die Tatsache des schwachen Umsatzes auf der Aktionärsstruktur. Das bedeutet, dass z. B. ein Großaktionär die meisten Aktien besitzt. Wenn also diese Großaktionäre an ihren Aktien festhalten, steht folglich nur eine geringe Anzahl zum Handeln zur Verfügung.

## Der amtliche Handel

Der amtliche Handel stellt das anspruchsvollste Börsensegment an der Deutschen Börse dar. Im amtlichen Handel dürfen nur bestimmte Aktien notiert werden, welche unter anderem folgende Punkte berücksichtigen:

- Die Unternehmen verpflichten sich, jährlich in einem Börsenpflichtblatt den Jahresabschluss mit der Bilanz und der Gewinn- und Verlustrechnung zu veröffentlichen.

- Sie verpflichten sich weiterhin, mindestens einen Zwischenbericht alle sechs Monate zu veröffentlichen.

An dem amtlichen Handel werden in der Regel alle „Blue Chips-Unternehmen", also alle Standardwerte, notiert.

## Xetra

Als Xetra wird das computergestützte Handelssystem der Frankfurter Wertpapierbörse bezeichnet. Dabei übernimmt Xetra das Zusammenführen von Verkaufs- und Kaufangeboten elektronisch. Sobald ein Makler seinen Auftrag eingegeben hat, verbleibt dieser so lange im Rechner, bis ein entsprechender Gegenauftrag vorliegt. Xetra ersetzt also das Orderbuch des Maklers und macht den Handel transparenter. Ein weiterer Vorteil ist, dass die Auftraggeber anonym bleiben können.

Der wichtigste Vorteil an Xetra ist aber der dezentrale Handel. Das heißt, dass Börsenmakler nun nicht mehr in Frankfurt tätig sein müssen. Sie können über mehrere Orte auf der ganzen Welt verstreut sitzen und am Handel via Xetra teilnehmen.

Die Handelszeiten von Xetra sind gegenwärtig von morgens 9:00 Uhr bis 17:30 Uhr abends. Gestartet wurde dieser neue elektronische Handel am 28. November 1997.

Xetra ist bzw. war eine hauptsächlich für Profis geeignete Handelsform. Die Mindeststückzahlen waren zu Beginn recht hoch, so dass

Privatanleger nicht in den Genuss des Xetra-Handels kamen. In letzter Zeit hat jedoch die Deutsche Börse AG die Mindeststückzahlen drastisch gesenkt, so dass nun auch Privatanleger von diesem elektronischen Handel profitieren können.

**Praxis-Tipp:**

Es ist jetzt sogar möglich via Internet, Aktien über Xetra zu kaufen bzw. zu verkaufen. Dies ist z. B. bei der „Deutschen Bank 24" oder der „Comdirect Bank" möglich. Die anderen Banken werden sicher bald nachziehen.

# Börsenbegriffe, die Sie kennen sollten

### Neuemissionen/Bookbuilding

Wenn ein Unternehmen zum ersten Mal an die Börse geht, dann ist es in der Regel schwer, den Wert des Unternehmens zu errechnen und damit einen fairen Ausgabekurs festzusetzen.

Das Unternehmen will einen möglichst hohen Preis erzielen. Je höher dieser nämlich ausfällt, desto mehr Geld fließt in die Taschen des Unternehmens. Wird der Preis hierbei jedoch zu hoch angesetzt, so besteht die Möglichkeit, dass sich keine Anleger finden, woraufhin das Unternehmen auf seinen Aktien sitzen bleiben würde.

Um diesen Preis festzulegen, bedarf es einiger Aktivitäten: Das Unternehmen muss sich eine Bank suchen, welche die Konsortialführerschaft übernimmt. Es erfolgt nun eine intensive Zusammenarbeit des Unternehmens mit der Bank. Die Analysten analysieren mit Hilfe von Methoden der Fundamentalanalyse das Unternehmen und versuchen, den Marktwert zu schätzen.

Beim Bookbuildingverfahren gibt es allerdings keinen festen Emissionspreis. Es wird lediglich eine Preisspanne festgelegt, in der die

Bank die faire Bewertung des Unternehmens sieht. Nach Bekanntgabe dieser Preisspanne können nun Anleger Zeichnungsaufträge erteilen. Dabei geben sie an, wie viele Aktien sie zeichnen möchten und welchen Preis sie bereit sind, dafür zu zahlen.

Aus den Geboten der Anleger wird dann der Ausgabekurs ermittelt. Ist die Nachfrage sehr groß, wird der Preis an der oberen Grenze festgelegt. Gibt es mehr kaufwillige Anleger als Aktien, so ist die Emission überzeichnet. Die Zuteilung erfolgt dann nach einem individuellen Verfahren, welches von Unternehmen zu Unternehmen unterschiedlich ist.

Ist die Nachfrage nun so stark, dass es zu dieser Überzeichnung kommt, so wird zusätzlich der so genannte „Greenshoe" eingesetzt. Er ist eine Art Aktienreserve. Damit ist es möglich, individuell auf die Marktsituation zu reagieren.

Im Übrigen ist es vielleicht interessant zu wissen, woher der Name Greenshoe kommt. Er stammt von dem gleichnamigen Unternehmen Greenshoe Inc., welches diese Art Reserve zuerst einführte.

Da die heutigen Neuemissionen in der Regel alle überzeichnet sind, wird standardmäßig der Greenshoe eingesetzt.

Weil bei einer Überzeichnung nicht alle Anleger berücksichtigt werden können, gleicht die Zuteilung meistens einem Glücksspiel. Die Gewinner erhalten nur eine kleine Stückzahl (eine so genannte Mindestgröße) und nicht die von ihnen geforderte Anzahl.

Die Wertpapieraufsicht fordert zwar eine Offenlegung des Verteilungsschlüssels, jedoch nur der Emittent (Ausgeber von Wertpapieren) und der Konsortialführer bestimmen diesen.

**Achtung:** Häufig wird eine Lotteriemethode eingesetzt, bei der z. B. nur jeder 16. Anleger 100 Stück zugeteilt bekommt. Solch ein Verteilungsschlüssel ist vorteilhaft, da so die Aktionärsstruktur breit gestreut wird, so dass dann ein gut funktionierender Aktienhandel stattfinden kann.

## Kapitalerhöhung

Wenn ein bereits an der Börse notiertes Unternehmen „neues Geld" braucht, dann holt es sich dieses in der Regel von der Börse in Form einer Kapitalerhöhung.

Ein Unternehmen benötigt zusätzlich Geld z. B. für neue Maschinen, für den Bau neuer Fabrikhallen oder aber für Unternehmenszukäufe. Da sich eine Kreditaufnahme auf Grund der hohen Kreditkosten negativ auf das Unternehmensergebnis auswirken könnte, ist die Beschaffung von Geld mittels Kapitalerhöhung eine ideale Alternative dazu.

Das Unternehmen gibt nun so genannte „junge Aktien" aus.

Um es den Altaktionären zu ermöglichen, einen gleich großen Anteil vom Unternehmen zu behalten, bekommen sie ein Bezugsrecht, welches ihnen ermöglicht, die jungen Aktien zu erwerben. Der Preis dieser Aktien liegt in der Regel unterhalb des Börsenkurses der alten Aktien, um einen Anreiz zum Kauf zu schaffen. Zum Erwerb wird ein Bezugsverhältnis bekannt gegeben, z. B. „4 zu 1". Das bedeutet, dass der Bezugsrechtsausüber für je vier alte Aktien eine neue junge Aktie dazukaufen kann. Das Bezugsrecht kann wahlweise ausgeübt oder aber auch an der Börse verkauft werden.

Das Ergebnis ist nun, dass das Eigenkapital des Unternehmens vergrößert wurde. Jedoch verteilt sich der Gewinn auf mehrere Aktien, wodurch der Gewinn je Aktie folglich sinkt. Die getätigten Investitionen brauchen erst einmal eine gewisse Zeit, bis sie sich rentieren, so dass der Gewinn je Aktie wieder steigt.

Das Bezugsrecht stellt nun nur sicher, dass der Altaktionär nach der Kapitalerhöhung einen gleichen Teil des Unternehmens besitzt.

Der Name „junge Aktien" wurde nur gewählt, um die neuen Aktien von den alten unterscheiden zu können. Dies ist notwendig, da die neuen Aktien in der Regel kein Anrecht auf eine Dividende im ersten Jahr haben. Die Kurse sind dementsprechend etwas niedriger als die der alten Aktien. Nach der Dividendenzahlung werden aus den jungen Aktien normale Aktien mit vollen Dividendenansprüchen. Es ist jetzt keine Unterscheidung mehr notwendig.

## Wechselkursrisiko

Bei der internationalen Anlage in Aktien kommen zu den Kursrisiken auch so genannte Wechselkursrisiken dazu.

**Beispiel:**

Wenn ein deutscher Anleger Aktienanteile von US-Unternehmen im Wert von 100.000 DM erwirbt, dann hängt sein erzielter Gewinn auch vom Wechselkurs ab. Steigen die Wertpapierkurse um 5 Prozent, so hat er einen Gewinn von 5.000 DM erwirtschaftet, sofern der Wechselkurs des Dollars zur DM unverändert geblieben ist.

Wenn nun der Dollarkurs auch um 5 Prozent gestiegen ist, so ist sein Gewinn nun 10.000 DM groß. Sollte allerdings der Wechselkurs gefallen sein, um beispielsweise 5 Prozent, so hat der Anleger keinen Gewinn erwirtschaftet.

Wenn der Dollarkurs im Laufe der Zeit noch weiter als 5 Prozent gefallen ist, so hat der Anleger sogar einen Verlust eingefahren, obwohl seine Aktien um 5 Prozent gestiegen sind.

## Volatilität

Die Volatilität von Aktien gibt die Schwankungsbreite an. Das heißt, sie gibt an, wie stark eine Aktie in der Vergangenheit gestiegen oder gefallen ist.

Wenn Kurse stark schwanken, so spricht der Fachmann von volatilen Kursen. Je größer eine Aktie schwankt, je höher ist also die Volatilität, desto höher ist aber auch das Risiko bei einem Engagement in dieser Aktie. Die Volatilität wird natürlich nicht nur für Einzelaktien gemessen, sondern auch für den Gesamtmarkt, welcher meist durch einen Index repräsentiert wird.

**Wichtig:** Indizes sind nicht so volatil wie Einzelwerte. Dies ist auch ganz klar, denn in einem Index sind viele Einzeltitel zusammengefasst, so dass sich Kursschwankungen einzelner Aktien nicht so stark auf den Index auswirken.

Man erkennt, dass die Schwankungsbreite und damit das Risiko minimiert wird, wenn man nicht nur auf eine Aktie setzt, sondern auf viele verschiedene. Daher heißt die wichtigste Börsenregel Diversifizieren. Nur mit einem gut gestreuten Portfolio ist die Chance-Risiko-Struktur optimal.

## Shareholder Value

Als Shareholder Value wird diejenige Unternehmenspolitik bezeichnet, welche den Aktionär des Unternehmens in den Mittelpunkt stellt. Das Ziel ist es, langfristig den Börsenwert zu steigern. Dabei ist das Management der Unternehmenswertsteigerung verpflichtet und wird an dessen Erfüllungsgrad gemessen. Kriterien für einen erfolgreichen Shareholder Value sind:

- Unternehmenstransparenz und Kommunikation
- operative Umsetzung durch die Verwendung von betriebswirtschaftlichen Steuerungsgrößen
- leistungsorientierte Vergütungssysteme
- ertragsorientierte Ausschüttungspolitik
- Aktienrückkaufprogramme

Der entscheidende Gradmesser für die Erfüllung dieser Kriterien ist die realisierte Aktienkursperformance.

## Stakeholder Value

Stakeholder Value ist das Gegenteil vom Shareholder Value. Hier stehen alleinig die Interessen der Belegschaft des Unternehmens im Mittelpunkt. Dieser unternehmenspolitische Ansatz ist natürlich für den Aktienkurs in der Regel Gift. Deshalb sollten Aktien solcher Unternehmen gemieden werden. Hier ist kein Geld zu verdienen.

Diese Form der Unternehmenspolitik ist in vielen deutschen Unternehmen der Standard. Sie wurde durch drei wichtige Gesetze erreicht:

- Montanmitbestimmungsgesetz von 1951
- Betriebsverfassungsgesetz von 1952
- Mitbestimmungsgesetze von 1976

Letztere verfügen unter anderem, dass im Aufsichtsrat einer Aktiengesellschaft eine „Arbeitnehmerbank" zu bilden ist. Das heißt: Mindestens 50 Prozent der Mitglieder des Aufsichtsrates müssen von Arbeitnehmervertretern besetzt sein.

Zwar besitzt die andere Bank im Aufsichtsrat eine Stimme Mehrheit, jedoch kann so durch die Arbeitnehmer eine Zweidrittelmehrheit blockiert werden, welche für wichtige Entscheidungen erforderlich ist.

Die Arbeitnehmer haben so direkten Einfluß auf die Unternehmenspolitik, obwohl ihnen das Unternehmen gar nicht gehört.

Die Besitzer des Unternehmens, also die Aktionäre, werden so in ihrer Besitzausübung behindert. Es ist somit ein typisch deutsches Problem und auf der Welt einzigartig.

Nun kann man über Sinn und Unsinn solcher Gesetze streiten, doch bedenklich stimmt diese Situation, wenn man sie aus Gesichtspunkten der Globalisierung betrachtet. Die globalen Unternehmen können beliebig ihre Firmen und Produktionsstandorte wechseln. Wer hindert diese denn daran, ihren Firmensitz ins Ausland zu verlegen, um diesen Gesetzen auszuweichen? Da dieses Vorgehen meistens auch mit einem Arbeitsplatzabbau einhergeht, ist der Sinn dieser alten Gesetze überdenkenswert.

## Brand Value

Wenn für ein Unternehmen folgende Punkte zutreffen, so besitzt es Brand Value:

- Es besitzt bekannte Markennamen.

- Diese Markennamen besitzen ein Potential für die Zukunft.

- Aufgebautes Image schafft immaterielle Werte, wodurch die Durchsetzung von höheren Preisen möglich ist.

- Das Markenverlangen der Konsumenten induziert ein stetiges Umsatz- und Gewinnwachstum.

Sollten diese Punkte für ein Unternehmen zutreffen, so sollte man ein langfristiges Investment wagen.

## Vermögenswirksame Leistungen (VL)

Nicht nur weil Vermögensbildung staatlich gefördert wird, sondern weil der Arbeitgeber noch etwas zum Sparbetrag zuzahlt, sollte es von allen Arbeitnehmern in Anspruch genommen werden.

Der Arbeitgeber zahlt zusätzlich zum Gehalt noch eine Arbeitgeberzulage zur Vermögensbildung. Dies ist bis zu 78 DM monatlich. Im öffentlichen Dienst fällt dieser Betrag jedoch etwas kleiner aus, nämlich 13 DM monatlich. Wenn ein Arbeitnehmer diesen Sparbetrag bekommen möchte, so muss er mindestens 78 DM monatlich in Geldanlagen investieren, die staatlich zur Vermögensbildung anerkannt sind. Das bedeutet, dass ein Arbeitnehmer folglich 65 DM von seinem Einkommen „opfern" muss, um in den Genuss der zusätzlichen 13 DM zu kommen.

Solche anerkannten Sparformen sind unter anderem auch Investmentfonds mit einer Aktienquote von mindestens 70 Prozent. Die Aktien können hierbei von in- oder ausländischen Unternehmen stammen.

Eine weitere Bedingung zum Erhalt der VL-Leistungen ist ein Ansparzeitraum vom sechs Jahren, gefolgt von einer Wartezeit von einem Jahr. Das heißt, die Arbeitnehmer müssen sechs Jahre lang je 78 DM monatlich einzahlen und anschließend noch ein Jahr warten, bis sie über das Geld verfügen können.

Der wesentlichste Punkt zum Abschluss eines solchen Sparvertrages ist wohl die staatliche Förderung. Jedoch kommen nicht alle in den Genuss davon. Nur Arbeitnehmer mit einem Bruttoeinkommen bis 35.000 DM bzw. 70.000 DM bei Verheirateten haben Anspruch auf diese staatliche Förderung. Sie beträgt dann stolze 20 Prozent pro Jahr von der Ansparsumme, also 20 Prozent von 936 DM.

## „Cost-Average-Effekt"

Wenn man Aktien oder Aktienfondsanteile über einen Sparplan erwirbt, so nutzt man den so genannten „Cost-Average-Effekt" (Durchschnittskosteneffekt). Dieser sagt nichts anderes, als dass man über einen längeren Zeitraum hinweg Anteile erwirbt, und zwar zu einem Preis, der günstiger ist als der langfristige Durchschnittspreis dieser Anteile.

Wenn ein Anleger für den gleichen Anlagebetrag ständig Anteile erwirbt, so bekommt er in börsenschwachen Zeiten mehr Anteile als in Zeiten, wo die Kurse hoch stehen. Damit erzielt er einen langfristig niedrigeren Durchschnittskurs.

Er wird dadurch quasi gezwungen, antizyklisch zu kaufen. Er kauft viele Anteile, wenn der Kurs niedrig ist und wenige Anteile, wenn der Kurs hoch steht.

Der „Cost-Average-Effekt" garantiert hierbei jedoch nicht immer eine bessere Rendite als bei der Einmalanlage. Wer beispielsweise nach einem Börsencrash sein Geld voll investiert, der wird immer eine bessere Rendite erzielen.

## Diversifikation

Diversifikation bedeutet, dass die Aktienanlage in mehrere Titel streut. Wenn möglich, sollte diese Streuung international erfolgen. Das heißt, der Anleger sollte nie alles auf eine Karte setzen.

> **Praxis-Tipp:**
> Es ist statistisch erwiesen, dass das Risiko bei einer globalen Anlage verringert wird, aber gleichzeitig die Rendite erhöht wird.

Dieser Sachverhalt ist zu erklären, wenn man die ausländischen Unternehmen mit deutschen vergleicht. Mann stellt dann sehr schnell fest, dass diese viel effizienter und kostenbewußter wirtschaften als die meisten deutschen Unternehmen.

Ein weiterer Grund ist die Möglichkeit der Abkopplung von nationalen Konjunkturzyklen und von politischen und wirtschaftlichen Rahmenbedingungen. Nationale Gegebenheiten negativer Art könnten so effizient im Depot aufgefangen werden.

Aus diesen Ausführungen ergibt sich dann folgender Sachtatbestand: Der globalen Aktienanlage gehört die Zukunft.

**Wichtig:** Dies ergibt sich außerdem aus den vier globalen Trends, die sich in letzter Zeit herausbildeten:

- Verschmelzung der Weltbörsen durch globale Anleger

- Moderne Kommunikationstechnik, insbesondere der schnellen Informationsbeschaffung

- Terminmarktgeschäfte, Verschmelzung der internationalen Finanzströme

- Multinationale Unternehmen, Unternehmenszusammenschlüsse wie die von DaimlerChrysler

## Enge Märkte

Von engen Märkten spricht man, wenn der Umsatz einer Aktie oder von bestimmten Aktienarten sehr schwach ist. Das heißt, wenn von einer Aktie an einem Handelstag nur wenige Stücke gekauft oder verkauft werden. Dies ist zum Beispiel bei ausländischen Aktien der Fall, die an deutschen Börsen gehandelt werden. Diese Aktien haben in der Regel immer einen geringen Tagesumsatz. Daher können auch schon kleinste Käufe oder Verkäufe den Kurs beeinflussen. Wenn ein Anleger beispielsweise 100 Aktien einer Aktiengesellschaft erwirbt, so erzeugt er am Markt, also an der Börse, eine Nachfrage. Wenn der reguläre Umsatz bei dieser Aktie nun normalerweise bei 300 Stück am Tag liegt, so beeinflusst der Käufer damit den Kurs derart, dass er steigt. Im ungünstigsten Fall kauft er so die Aktien unter Umständen viel zu teuer. Beim Verkauf trifft das Gleiche zu, allerdings mit umgekehrter Kursauswirkung. Hier wird unter Umständen ein zu schlechter Verkaufserlös erzielt.

Dieses Phänomen tritt beispielsweise noch verstärkt auf, wenn eine solche Aktie von bestimmten Börsenbriefen empfohlen wird. Nun kaufen viele Anleger diese Aktie und erhöhen so schlagartig den Kurs. Der Kurs ergibt sich somit nicht mehr aus Angebot und Nachfrage, sondern es handelt sich dann um Knappheitspreise.

Dass dieser Preis nicht gerechtfertigt ist, fällt spätestens beim Vergleich des Kurses mit der jeweiligen Heimatbörse der Aktie auf. Dort haben solche Kleinstorder in der Regel keine so starken Auswirkungen, da dort die Liquidität der Aktie größer ist.

**Wichtig:** Deshalb sollte man unbedingt beim Kauf dieser Aktien limitieren, um nicht Gefahr zu laufen, in diese Falle zu tappen und einen nicht angemessenen Kurs zu erhalten.

Es gibt jedoch noch eine andere Lösungsmöglichkeit für dieses Problem: Sie kaufen diese Aktien an den Heimatbörsen. Dort ist die Liquidität gesichert, so dass der Kurs in der Regel fair ist. Jedoch sind hierbei die Gebühren wesentlich höher als beim Kauf in Deutschland. Für Langfristanleger aber sollte dies kein großes Problem darstellen.

Bei den meisten Auslandsaktien jedoch ist dieser Sachverhalt kein Problem, so dass ein deutscher Anleger, wenn die Möglichkeit besteht, in Deutschland kaufen sollte.

## Rezession

Als Rezession wird ein wirtschaftliches Ereignis bezeichnet, bei dem folgende Punkte erfüllt sein müssen:

- Die wirtschaftlichen Nachrichten sind schlecht.

- Es gibt kaum Investitionen der Unternehmen.

- Die Notenbank gibt „billiges" Geld durch niedrige Zinsen aus.

- Die Anleger sind unsicher und halten daher eine große Menge ihres Vermögens in Barmitteln, also in Cash.

Diese schwierige Lage hat natürlich Auswirkungen auf die Börse. In einer Rezession sind die Kurse in der Regel auf einem sehr niedrigen Stand.

Dies war in der Vergangenheit jedoch immer ein günstiger Einstiegszeitpunkt in Aktien. Es lässt sich dadurch begründen, dass die Börse in der Regel Entwicklungen vorwegnimmt. Da Rezessionen allerdings in den meisten Fällen nicht von allzu langer Dauer sind, empfiehlt sich daher der Einstieg, zumal sich die Kurse schon ca. acht Monate vor Ende der Rezession wieder erholen.

**Praxis-Tipp:**

Weiterhin sind Anlagen in festverzinslichen Wertpapieren oder auf Sparbüchern aufgrund der niedrigen Zinsen äußerst unattraktiv, so dass Anlagen in Aktien mit einer hohen Dividendenrendite erfolgversprechender sind. Jedoch sollte beachtet werden, dass man erst wieder in den Aktienmarkt einsteigt, wenn sich eine wirtschaftliche Stabilisierung abzeichnet.

## Fusion

Unter einer Fusion wird ein Unternehmenszusammenschluss bezeichnet, in dem mindestens eines der beiden fusionierenden Unternehmen seine rechtliche und wirtschaftliche Selbstständigkeit aufgibt. Die Unternehmen schließen sich so unter einheitlicher Führung zusammen. Diese Art von Zusammenschlüssen kommen in der heutigen Zeit immer häufiger in Mode. Es entstehen hierdurch so genannte Global Player, welche sich von nationalen Konjunkturzyklen abkoppeln können.

Weiterhin sind solche Fusionen mit so genannten Synergieeffekten verbunden. So bedeutet dies in der Praxis meist, dass ein Arbeitsplatzabbau beginnt. Zusätzlich kann so der Produktionsablauf optimiert werden, so dass z. B. die gemeinsame Nutzung von Vertriebskanälen möglich ist.

Aufgrund dieser Synergieeffekte besteht die Chance, langfristig Geld zu sparen und die Produktivität zu steigern. Somit ist dann auch davon auszugehen, dass die Aktienkurse dieser Unternehmen davon profitieren werden.

Aber neben diesen gibt es auch noch weitere Gründe für Unternehmenszusammenschlüsse. So bietet z. B. die Größe eines Unternehmens die Möglichkeit, Produkte günstiger als die Konkurrenz einzukaufen. Weiterhin besteht die Möglichkeit, Weltmarktführer zu werden und damit ein besseres Preisdiktat durchführen zu können.

Man sieht also, dass eine Fusion in der Regel immer zu einem höheren Gewinn des Unternehmens und damit zu steigenden Aktienkursen führt. Daher reicht bereits ein Gerücht über eine bevorstehende Fusion aus, um die Aktienkurse steigen zu lassen.

# Was in der Aktien-Szene herumschwirrt

# 2

# Aktienanleihen

Aktienanleihen, auch bekannt als „Reverse Convertible Bonds", sind ein relativ neues Finanzprodukt von Banken. Diese werden an der Börse gehandelt und können so jederzeit gekauft oder verkauft werden.

Die Idee besteht darin, dass der Anleihekäufer der Bank eine gewisse Geldsumme für eine bestimmte Zeit zur Verfügung stellt. Die Bank zahlt dem Anleger dafür traumhafte Renditen. Die Rückzahlung allerdings kann wahlweise in Form von Bargeld oder in Form von einer vorher festgelegten Anzahl von Aktien vorgenommen werden. Zu beachten ist, dass nicht der Anleger, sondern nur die Bank die Art der Rückzahlung festlegen kann.

**Beispiel:**

Es wird eine Aktienanleihe, nennen wir sie mal „Muster AG-Anleihe", auf den Markt gebracht. Diese Anleihe soll mit 10 Prozent pro Jahr verzinst werden und soll eine Laufzeit von zwei Jahren haben. Für die Rückzahlung sollen hier folgende Bedingungen gelten: Ist der Kurs der „Muster AG" in zwei Jahren über 1.000 DM, dann wird Bargeld ausgezahlt. Wenn der Kurs der „Muster AG" dagegen unter 1.000 DM liegt, so wird dem Kunden eine Aktie dieses Unternehmens ausgezahlt. Der Anleger kauft nun einen Anteil der Anleihe im Werte von 1.000 DM. Die Zinsen von 10 Prozent pro Jahr betragen nach zwei Jahren dann 200 DM. Nun wird eine Fallunterscheidung durchgeführt:

- Fall 1: Der Kurs der „Muster AG" ist in zwei Jahren gleich oder größer als 1.000 DM. Der Kunde erhält die Einlage von 1.000 DM zuzüglich der angelaufenen Zinsen von 200 DM ausgezahlt. Das macht dann zusammen 1.200 DM. Er hätte damit eine gute Rendite erzielt.

- Fall 2: Der Kurs der „Muster AG" beträgt in zwei Jahren 700 DM. Der Kunde erhält nun laut Vertragsbedingungen

> keine Rückzahlung in Form von Bargeld, sondern in Form von Aktien. Vereinbart war eine Aktie der „Muster AG". Folglich bekommt er nun eine Aktie im Werte von 700 DM zuzüglich der vereinbarten Zinsen von 200 DM ausgezahlt. Das macht dann zusammen 900 DM.

Das heißt, der Käufer hat damit in den zwei Jahren einen Verlust von 100 DM erwirtschaftet. Eine Hoffnung bleibt dem ungewollten Aktionär dann noch: Er kann warten, bis die Kurse sich erholt haben.

**Achtung:** Diese Form von Anleihen sind also getarnte Optionsgeschäfte, die für Normalanleger weniger geeignet sind.

Die Bank erhält das Geld der Anleger und kauft dann die Aktien der „Muster AG". Steigt der Kurs, so streicht die Bank den Kursgewinn ein. Fällt der Kurs, so bleibt der Anleger auf den Verlusten sitzen. Der Käufer solcher Anleihen wird also nur ausgenutzt. Deshalb sollten diejenigen, die solche Aktienanleihen erwerben möchten, lieber gleich die entsprechenden Aktien und nicht die Anleihen kaufen, da das Verlustrisiko gleich groß ist. So besteht dann ja noch die Hoffnung auf größere Gewinne als die versprochenen.

# Aktienfonds

Aktienfonds gewinnen in der heutigen Zeit immer mehr an Bedeutung. Sie stellen hierbei eine echte Alternative zur reinen Aktienanlage dar.

**Wichtig:** Die Vorzüge bestehen nun darin, dass nicht der jeweilige Anleger, sondern ein Finanzprofi die Anlageentscheidungen trifft. Dafür wird das Geld vieler Anleger gebündelt und steht so für Anlagezwecke zur Verfügung.

Ein weiterer Vorteil ist, dass sich nun auch Anleger an der Börse engagieren können, die nicht das Geld haben, sich eine genügende

Anzahl von Einzelaktien in ihr Depot zu legen, da die Beteiligung an Fonds bereits ab Kleinstbeträgen möglich ist. Auch können nun Anleger, die entweder keine Zeit oder keine Lust haben, sich über die Entwicklung der Einzelaktion zu informieren, an dem Auf und Ab der Börse teilnehmen. Aber der wohl entscheidendste Vorteil ist, dass selbst mit kleinen Beträgen eine große Diversifikation erreicht werden kann. Jedoch sind auch hier im Zuge einer Börsenschwäche Kursverluste möglich.

Für solche Anlagezwecke stehen in Deutschland mittlerweile über 4.000 Investmentfonds zur Verfügung. Alle Fonds stehen dabei unter der Aufsicht des Bundesaufsichtsamtes für das Kreditwesen. Sie werden in der Regel von Investmentgesellschaften verwaltet. Diese Investmentgesellschaften sind meist Tochterunternehmen von Banken oder Versicherungen.

So gibt es in Deutschland fünf Marktführer, die gemessen am Anlagevolumen, einen Marktanteil von über 80 Prozent hinter sich vereinen:

- DWS – Deutsche Gesellschaft für Wertpapiersparen mbH (Investmentgesellschaft der Deutschen Bank AG)

- DIT – Deutscher Investment Trust (Investmentgesellschaft der Dresdner Bank AG)

- ADIG (Investmentgesellschaft der Commerzbank AG und der HypoVereinsbank AG)

- DEKA (Investmentgesellschaft des Sparkassen- und Giroverbandes)

- UNION (Investmentgesellschaft der Genossenschaftsbanken)

Weiterhin treten immer mehr ausländische Fondsgesellschaften auf den deutschen Markt. Dazu zählen unter anderem die weltweite Nummer 1 im Fondsgeschäft, die amerikanische Fondsgesellschaft Fidelity Investment.

## Wie funktioniert die Anlage in Fonds?

In der Regel werden Fonds entweder über eine Bank, eine Versicherung oder direkt bei einer Fondsgesellschaft erworben. Die Fondsgesellschaft kassiert bei der Anlage einen so genannten Ausgabeaufschlag, welcher bei den Aktienfonds meistens 5 Prozent beträgt. Weiterhin verlangt sie eine jährliche Verwaltungsgebühr, die je nach Fonds unterschiedlich ausfallen kann. Der Fondsmanager verfolgt nun das Ziel, durch geschicktes An- und Verkaufen von Aktien eine maximale Rendite zu erwirtschaften. Als Messlatte für den Erfolg wird der jeweilige Aktienindex zu Grunde gelegt. Es wird also versucht, den jeweiligen Index in seiner Performance zu schlagen. Doch gelingt dies den wenigsten Managern. Es wird geschätzt, dass nur etwa 10 Prozent der Fonds den jeweiligen Index übertreffen können. Daher ist für den Anlageerfolg eine gezielte Auswahl des Fonds von entscheidender Bedeutung. Da es bei den über 4.000 Fonds schwer ist, den richtigen auszuwählen, sollte man sich anderweitig informieren. Als gute Informationsquelle hat sich dafür die Stiftung Warentest bewiesen. Sie bietet mit ihrem Fondsinformationssystem MIKADO ein ideales Informationssystem an. Nähere Informationen erhalten Sie bei der Stiftung Warentest in Berlin oder im Internet (Adresse siehe Seite 155).

**Praxis-Tipp:**

Ein weiteres Informationsangebot hält der Bundesverband Deutscher Investmentgesellschaften (Adresse siehe Seite 154) für Sie bereit. Er verschickt das Buch „Investment" sowie aktuelle Fondsvergleichstabellen. Auf dieses kostenlose Informationsangebot sollte kein Fondsanleger verzichten.

Da sich die Einschätzungen von Jahr zu Jahr ändern und da die jeweilige Persönlichkeitsstruktur des Anlegers, insbesondere die Anlagedauer, berücksichtigt werden muss, kann in diesem Buch eine individuelle Fondsempfehlung nicht gegeben werden.

**Was in der Aktien-Szene herumschwirrt**

Bei den Aktienfonds unterscheidet man mehrere Fondsformen:

- Länderfonds
- Regionalfonds
- Branchenfonds
- Weltweit anlegende Fonds

Länderfonds legen, wie der Name schon sagt, nur in bestimmten Ländern an, wogegen Regionalfonds die Anlage länderübergreifend ermöglichen. So investieren die Fonds z.B. im Raum Europa oder Asien.

Weltweit anlegende Fonds dagegen sind an keine Ortsvorgaben gebunden. Sie investieren in den Regionen, die am aussichtsreichsten sind. Dabei wird jedoch auf eine ausreichende internationale Diversifikation geachtet.

Branchenfonds sind Sonderformen. Sie investieren weltweit in Aktien von solchen Unternehmen, die der gleichen Branche angehören. So kauft ein Pharmafonds nur Aktien von pharmazeutischen Unternehmen. Ein Technologiefonds dagegen kauft nur Aktien von Technologieunternehmen.

**Einfluss des Ausgabeaufschlages bei Aktienfonds**

Bei einem Fondskauf wird in der Regel ein Ausgabeaufschlag von meistens 5 Prozent verlangt. Jedoch ist die Ausdrucksweise nicht korrekt. Denn der Anleger zahlt ja keinen zusätzlichen Betrag, sondern dieser wird von der geplanten Anlagesumme abgezogen.

**Beispiel:**

Ein Anleger möchte eine Summe von 20.000 DM anlegen. Daraufhin wird ein Ausgabeaufschlag von 5 Prozent fällig. Dieser beträgt in diesem Falle 1.000 DM. Die Anlagesumme beträgt folglich dann nur noch 19.000 DM und nicht mehr 20.000 DM.

Im ersten Jahr erwirtschaftet der Fonds nun eine Rendite von 10 Prozent und im zweiten Jahr eine Rendite von 15 Prozent. Daraus ergibt sich, dass der Anleger nun einen Betrag von 24.035 DM besitzt. Hätte er keinen Ausgabeaufschlag bezahlt, so hätte er nun 25.300 DM.

Das heißt, dass ein Ausgabeaufschlag auch nach vielen Jahren nicht wieder verdient werden kann. Das Ergebnis wird immer niedriger ausfallen, als wenn man keinen Ausgabeaufschlag bezahlt hätte. Folglich sollte man darauf achten, dass der Ausgabeaufschlag nicht zu hoch ausfällt. Vorteilhaft ist, seinen Fondskauf bei einer Direktbank abzuwickeln. Diese Banken gewähren dann einen Rabatt auf den Ausgabeaufschlag.

**Praxis-Tipp:**

- No-Load-Fonds sind völlig ausgabeaufschlagfrei. Jedoch verlangen hier die Investmentgesellschaften eine höhere jährliche Verwaltungsgebühr. Dieser Tatsache ist es zu verdanken, dass sich eine langfristige Anlage in No-Load-Fonds nicht rechnet, da der eingesparte Ausgabeaufschlag hierdurch aufgefressen wird. Daher eignen sich diese Fonds nur für Anlagezeiträume bis zu fünf Jahren.

- Will man sich also länger als fünf Jahre engagieren, so sollte man zu einem Fonds mit Ausgabeaufschlag greifen.

# Indexzertifikate

Indexzertifikate erfreuen sich immer stärkerer Beliebtheit. Fällt doch hier der gewöhnlich erhobene Ausgabeaufschlag, wie er bei Fonds erhoben wird, weg. Es fallen beim Kauf und beim Verkauf lediglich Gebühren an, die auch bei Aktien bezahlt werden müssen.

Ein Indexzertifikat ist ein so genanntes passives Investment. Bei diesem wird kein aktives Vermögensmanagement betrieben, sondern nur ein Markt bzw. ein Index in seiner Gesamtheit abgebildet. Steht der Index beispielsweise bei 1.000 Punkten, so steht der Kurs für ein Zertifikat auch bei 1.000 DM. Fällt der Index um 10 Punkte, so fällt folglich auch der Kurs des Zertifikates um 10 DM. Steigt der Kurs beispielsweise um 20 Punkte, so steigt der Kurs entsprechend ebenfalls um 20 DM.

Aber nicht alle Zertifikate bilden den Index 1 zu 1 ab. Einige bilden ihn z. B. 1 zu 10 oder 1 zu 100 ab. Hier ergibt sich der Kurs entsprechend 1.000/10 = 100 bzw. 1.000/100 = 10.

Diese Indexzertifikate besitzen insofern eine Daseinsberechtigung, da nur etwa 10 Prozent aller Aktienfonds den entsprechenden Index schlagen. Rechnet man nun noch den Ausgabeaufschlag und die jährliche Verwaltungsgebühr dazu, so fährt man in 90 Prozent der Fälle besser mit einem Indexzertifikat als mit einem Aktienfonds.

Weiterhin gibt es Indexzertifikate, welche keinen Index, sondern einen so genannten Korb oder Baskets abbilden. Es handelt sich hierbei um künstlich erschaffene Indizes, die aus einer Auswahl von unterschiedlichsten Aktien zusammengesetzt sind. So bietet beispielsweise die SGZ-Bank zur Zeit ein Technologiezertifikat an, welches die Performance von 20 ausgewählten Technologieaktien widerspiegelt.

Dieser Trend, die Abbildung von bestimmten Branchen, gewinnt immer mehr an Bedeutung. So werden neben den eben erwähnten Technologiezertifikaten auch Zertifikate auf Banken, auf Autofirmen und sogar auf Regionen wie Europa aufgelegt. Nun ist es einem Anleger möglich, die unterschiedlichsten Branchen mit relativ wenig Geld in seinem Depot abzubilden.

**Wichtig:** Bei der Anlage in Indexzertifikaten sind jedoch zwei wichtige Punkte zu beachten, zum einen die Laufzeit des Zertifikates, zum anderen der so genannte Cap (Deckel). Der Anleger sollte eine möglichst lange Laufzeit wählen, da sich so die Kaufgebühren auf einen längeren Zeitraum verteilen. Weiterhin ist darauf zu achten, dass das Zertifikat keinen Cap besitzt.

Einige Zertifikate haben einen solchen Cap. Das heißt nichts anderes, als dass der Kursanstieg des Zertifikates auf eine bestimmte Summe begrenzt ist. Steigt der Index über diesen Wert, so gewinnt das Zertifikat nicht mehr an Wert, obwohl der Index steigt.

**Beispiel:**

Der Index hat einen Stand von 1.000 Punkten. Das Zertifikat bildet den Index 1/10 ab. Folglich hat das Zertifikat einen Wert von 100 DM. Steigt der Index auf 2.000 Punkte, so steigt auch das Zertifikat auf 200 DM. Besitzt das Zertifikat nun beispielsweise einen Cap bei 1.800 Punkten, so bedeutet dies nichts anderes, als dass das Zertifikat nicht höher als 180 DM im Wert steigen kann, unabhängig davon, wie hoch der Index noch steigt. Daher sollte man Indexzertifikate mit einem Cap meiden.

# Dachfonds

Dachfonds sind eine neue Form von Investmentfonds. Sie stellen hierbei eine kostengünstige Alternative zu fondsgebundenen Vermögensverwaltungen dar. Der Unterschied zu herkömmlichen Investmentfonds besteht darin, dass durch einen Dachfonds keine Wertpapiere im Sinne von Aktien oder Anleihen erworben werden, sondern wiederum Investmentfondsanteile.

Der Dachfonds investiert in unterschiedliche Märkte, indem er aussichtsreiche Investmentfonds erwirbt, die nach Meinung des Managements aussichtsreich erscheinen. Es ist praktisch eine Vermögensverwaltung, welche die Banken ebenfalls anbieten. Mit einem Unterschied, die Kosten für diese Form der Verwaltung sind wesentlich niedriger.

Ein weiterer Vorteil ist, abgesehen von den niedrigen Kosten, dass das Risiko einer Anlage wesentlich niedriger ist als bei herkömmlichen Fonds, da die Streuung viel größer ist. Das Vermögen wird in mehrere Fonds aufgeteilt, welche wiederum das Geld in unterschiedlichste Wertpapiere streuen. Man erreicht dadurch also eine doppelte Streuung.

In Deutschland sind diese Fondstypen vor kurzem zum Vertrieb zugelassen worden, so dass die Investmentgesellschaften jetzt verstärkt Werbung betreiben. Weiterhin kann man auch über die ausländischen Tochtergesellschaften der heimischen Investmentgesellschaften oder aber direkt bei ausländischen Gesellschaften diese Dachfonds erwerben.

Durch den Kauf solcher Fonds wird die Geldanlage günstiger und überschaubarer, müssen doch jetzt nicht mehr die Kurse mehrerer Fonds verglichen werden, sondern nur noch ein Fondskurs.

**Praxis-Tipp:**

Von der Gebührenseite her beglücken diese Fonds mit einem niedrigen Ausgabeaufschlag, welcher in der Regel nur 1 Prozent beträgt, und den relativ niedrigen Verwaltungsgebühren von 0,5 Prozent pro Jahr. Bei den Verwaltungsgebühren soll noch darauf hingewiesen werden, dass die vom Dachfonds erworbenen Investmentfonds ebenfalls eine Verwaltungsgebühr erheben. Diese wird jedoch von der Fondsgesellschaft in diesem Falle zurückerstattet, so dass hier keine Doppelbelastung entsteht.

**Achtung:** Nach so vielen positiven Eigenschaften solcher Dachfonds noch einen entscheidenden Nachteil: Natürlich kauft die Investmentgesellschaft des Dachfonds meist nur hauseigene Investmentfondsanteile – und diese sind in der Regel nicht in allen Disziplinen die besten Fonds. So kann es z. B. sein, dass eine Fondsgesellschaft dauerhaft hervorragende Ergebnisse in deutschen Fonds erreicht, jedoch in amerikanischen Fonds regelmäßig versagt. Nun wird bei solch einem Dachfonds der gute deutsche Fonds mit dem schlechten amerikanischen Fonds gemischt, so dass nicht mehr als ein mittelmäßiger Anlageerfolg eintritt.

Deshalb sollte die Anlage in Dachfonds wohl überlegt sein, kann man doch durch geschickte Auswahl von Fonds unterschiedlicher Gesellschaften einen besseren Ertrag erzielen. Dies setzt allerdings voraus, dass sich der Anleger mit der Materie Fonds näher beschäftigt und sich regelmäßig damit auseinander setzt, um auf Marktveränderungen zu reagieren.

# Altersvorsorge-Sondervermögen (AS)

Altersvorsorge-Sondervermögen, kurz AS-Fonds, sind eine neue Fondsgeneration. Sie sind auch unter dem Namen Pensionsfonds bekannt. In den USA oder in Großbritannien sind diese Fonds weit verbreitet. Sie dienen der Absicherung des Lebensstandards im Rentenalter, da von staatlicher Seite nur noch mit einer ungenügenden Unterstützung zu rechnen ist.

*Was ist der Unterschied zwischen*
*herkömmlichen Investmentfonds und den neuen AS-Fonds?*

Nun, der Hauptunterschied besteht in der Zusammensetzung des Fondsvermögens. Bisher durften Investmentfonds keinen Anlagemix von Immobilien, Aktien und Renten gleichzeitig enthalten. Dies wurde nun durch das dritte Finanzmarktförderungsgesetz geändert. Ab sofort dürfen so genannte Altersvorsorge-Sondervermögen auch anteilig in Immobilien anlegen. Es gelten dabei folgende Regeln:

- AS-Fonds dürfen maximal 75 Prozent der Einlagen in Aktien und Renten investieren und maximal 30 Prozent in Immobilien.

- Die Summe der Anlagen in festverzinslichen Wertpapieren und Barmittel dürfen 49 Prozent nicht überschreiten.

- Derivate Instrumente, also beispielsweise Optionsgeschäfte, sind nur zu Absicherungszwecken erlaubt.

- Die Erträge dürfen nicht ausgezahlt werden, sondern sie müssen thesauriert werden.

■ Die Investmentgesellschaften werden verpflichtet, das Um-
schichten in risikoärmere Anlageformen wie Rentenfonds am
Ende der Laufzeit kostenlos zu ermöglichen.

**Achtung:** Die AS-Fonds sind quasi eine neue Mischfondsgeneration.
Nun muss man aber feststellen, dass in der Vergangenheit Mischfonds keine so großartigen Renditen erwirtschaftet haben. Vergleicht
man diese Renditen mit denen reiner Aktienfonds, so stellt man fest,
dass man in der Vergangenheit deutlich bessere Ergebnisse mit Aktienfonds erzielen konnte als mit Mischfonds. Auch unter Risiko-
gesichtspunkten lässt sich die Aussage treffen, dass Aktienfonds
nicht risikoreicher sind als AS-Fonds – vorausgesetzt natürlich, man
hält eine Anlagedauer von mehreren Jahrzehnten ein. Aber da eine
Altersvorsorge in der Regel über 30 Jahre und mehr betrieben wird,
wird somit auch dieser Risikofaktor ausgeschaltet.

Auch stellt der Immobilienanteil keine absolute Sicherheit dar. Man
denke hierbei nur einmal an den Wertverfall oder an die immer
höher werdenden Leerstandsraten der Immobilien. So fallen die
Mieterträge immer niedriger aus als erwartet. Zudem gibt es keine
Informationen, wie die Immobilien in dem Fonds bewertet sind.
Man stellt sich natürlich die Frage, sind die im Fonds aufgeführten
Immobilien wirklich markttreu bewertet, oder schlummern in solch
einem Fonds so genannte Immobilienleichen? Natürlich soll keiner
Fondsgesellschaft unterstellt werden, dass dies auch zutrifft; Sie als
Privatanleger sollten sich aber auf alle Fälle sehr genau erkundigen.

# Termingeschäfte

Mit Termingeschäften kann man Wetten auf den Kursverlust von
Aktien oder Aktienindizes abschließen. Wenn man die richtigen
Voraussagen getroffen hat, kann man einen schönen Gewinn einfahren. Sollte man jedoch falsch liegen, so ist der Einsatz verloren,
zumindest bei Optionsscheinen.

Es gibt jedoch auch eine andere Form: Futures. Hier ist das Verlustrisiko nicht nur auf 100 Prozent begrenzt, sondern unbegrenzt. Das

soll heißen, wenn man sich verspekuliert hat, ist nicht nur der Einsatz weg, sondern man muss gegebenenfalls sogar eine vorher unbekannte Geldsumme nachzahlen. Dies kann zum absoluten Ruin eines jeden Anlegers führen.

**Praxis-Tipp:**

Alle Privatanleger sollten die Finger von Futuresgeschäften lassen.

Bei den Optionsscheinen sieht die Sache anders aus. Hier hat ein Optionsscheinkäufer am Ende der Laufzeit ein Wahlrecht, ob er sein Recht (Option) ausübt oder nicht. Im schlechtesten Fall verfällt die Option. Der Optionsscheinkäufer sichert sich also nur ein Recht, dass er eine bestimmte Anzahl von Aktien zu einem bestimmten Zeitpunkt zum vorher festgelegten Preis erwerben oder veräußern kann.

## So funktioniert das Spekulieren mit Optionsscheinen

Um jedoch mit Optionsscheinen spekulieren zu können, braucht man eine Termingeschäftsfähigkeit. Um diese erlangen zu können, muss ein umfangreiches Beratungsgespräch mit der Bank erfolgen. Aber wie das Spekulieren nun genauer funktioniert, wird im folgenden Beispiel näher erläutert.

**Beispiel:**

Der Kurs der DaimlerChrysler Aktie beträgt 140 DM. Ein an der Börse gehandelter Optionsschein sichert seinem Käufer das Recht zu, die Aktie des DaimlerChrysler Konzerns zu 120 DM in einem halben Jahr zu erwerben. Folglich hat der Optionsschein einen so genannten inneren Wert von 20 DM. Da sich der genaue Preis des Optionsscheines jedoch aus Angebot und Nachfrage ergibt, kann dieser auch höher liegen. Dieser Aufpreis wird auch als Agio oder Aufgeld bezeichnet.

In diesem Beispiel wird das Aufgeld vernachlässigt, so dass ein Preis von 20 DM für einen Optionsschein angenommen werden soll.

Steigt nun beispielsweise die Aktie um ca. 14 Prozent, also um 20 DM auf nun 160 DM, so erhöht sich der Wert des Optionsscheines ebenfalls um 20 DM. Der Unterschied besteht nun darin, dass hier eine Kurssteigerung von 100 Prozent erzielt wurde. Der Optionsscheinkurs stieg nämlich von 20 DM auf 40 DM. Das heißt also, dass man mit einem Optionsschein am Auf und Ab der Kurse stärker partizipiert als mit normalen Aktien. Dieses Phänomen wird auch als Hebel bezeichnet. Gleichzeitig ist hier auch noch der Kapitaleinsatz geringer als bei der reinen Aktienanlage.

Was aber im positiven Sinne gilt, gilt jedoch auch im negativen Sinne. Fällt der Kurs der Aktie um 10 DM, von 140 DM auf 130 DM, so hat der Optionsscheinbesitzer einen Verlust von 50 Prozent eingefahren. Fällt nun aber die Aktie unter den Basispreis des Optionsscheines von 140 DM, so besitzt dieser keinen inneren Wert mehr. Man spricht nun davon, dass der Optionsschein „aus dem Geld" ist. Er ist also quasi wertlos geworden.

Der Optionsscheinkäufer hat einen Totalverlust eingefahren. Hierin liegt das Hauptrisiko einer Anlage in Optionsscheinen.

**Wichtig:** Jedoch gibt es eine Ausnahme: Wenn ein Optionsschein zwar „aus dem Geld" ist, aber noch eine Restlaufzeit besitzt, so kann er noch an Wert steigen. Das geschieht dann, wenn die Aktie wieder steigt. Folglich sollten nur solche Optionsscheine erworben werden, welche eine lange Restlaufzeit besitzen.

# Wie und wo kauft man Aktien?

3

# Börsenmakler – die „tollen Hechte" in der Branche

Aktien werden an der Börse gehandelt. Und zwar nicht von jedermann, sondern von Börsenmaklern. Börsenmakler kann aber nicht jeder werden. Man braucht dazu eine Zulassung.

Es gibt zwei Arten von Maklern – zum einen die amtlichen Makler, zum anderen die Freimakler.

■ Amtliche Makler werden von der jeweiligen Landesregierung zugelassen und vereidigt. Dies geschieht, weil der Staat ein eigenes Interesse hat, dass Börsenkurse reell und zuverlässig sind. Damit dies geschieht, werden amtliche Makler beauftragt.

■ Freimakler dagegen werden von der Börse zugelassen. – Es wird hierbei aber nicht zum Ausdruck gebracht, dass Freimakler unfaire Preise erstellen. Nein, generell kann man sich darauf verlassen, egal, welcher Makler die Order abwickelt, dass man einen reellen Preis bekommt.

Börsenmakler leben nur von der Provision, die sie bei der Ausführung bekommen. Herrscht an der Börse gerade eine Hausse, so verdienen sie gut, ist dagegen der Umsatz an den Börsen gering, so fällt der Gewinn natürlich magerer aus.

*Warum können nur Banken bei Börsenmaklern ordern und nicht Privatleute?*

Die Antwort ist ganz einfach: Der Börsenmakler kann, wenn Sie ihn telefonisch beauftragen, Aktien zu erwerben, nicht überprüfen, ob Sie auch das Geld dazu haben. Er kann also keine Bonitätsprüfung vornehmen. Aus diesem Grund nimmt er nur Aufträge von Banken entgegen.

## Kauf von Aktien – so geht's

- Sie beauftragen Ihre Bank, eine Wertpapiertransaktion durchzuführen. Ihr Auftrag muss dabei folgende Inhalte aufweisen:
  - Name des Wertpapiers
  - Wertpapierkennnummer
  - Börsenplatz
  - Anzahl der Aktien, die Sie kaufen oder verkaufen möchten
  - Limit, also welchen Preis sie mindestens erzielen wollen bzw. wie viel sie maximal für den Kauf ausgeben wollen
  - Gültigkeit des Auftrages

- Ist der Auftrag nun bei der Bank vollständig eingegangen, wird er über das Ordererfassungssystem der Bank an das BOSS-System der Makler übergeben.

- Alle Aufträge zu einer bestimmten Aktie erscheinen nun im Skontro des für die Aktie verantwortlichen Maklers.

- Der Makler führt den Auftrag aus und gibt eine Ausführungsbestätigung an die Bank zurück.

- Etwa zwei Tage später wird Ihnen bei einem Kauf der Kaufpreis zuzüglich der Gebühren von Ihrem Konto abgebucht.

- Handelte es sich bei der Transaktion um einen Verkauf, erhalten Sie ebenfalls zwei Tage später den Verkaufserlös abzüglich der Gebühren gutgeschrieben. Eine Abrechnung erhalten Sie dann einige Tage später mit der Post.

Die Verbuchung der Aktien erfolgt im übrigen über einen so genannten Kassenverein, welcher dafür sorgt, dass die Aktien den richtigen Anlegern zugeordnet werden.

**Achtung:** Die Gebühren, die Ihnen berechnet werden, setzen sich aus den Gebühren der Bank plus der Maklercourtage, der Provision des Maklers, zusammen.

## Hausbank versus Direktbank: Was ist besser?

In letzter Zeit gewinnen immer mehr Direktbanken und Discount-broker zunehmend an Bedeutung. So locken sie mit schneller Order-ausführung und niedrigen Gebühren. Diese niedrigen Gebühren resultieren aus mehreren Faktoren: sie haben keine Filialen und dementsprechend wenig Mitarbeiter, so dass die dort eingesparten Gebühren an die Kunden weitergegeben werden können.

Allerdings haben diese Banken einen Nachteil, sie bieten in der Regel keine Beratung an. Der Kunde entscheidet selbst, ohne Mit-wirkung der Bank, über seine Anlagestrategie. Da die Banken die Kundenaufträge ohne weitere Beratung ausführen, müssen sie sich vor eventuellen Schadensersatzforderungen von Kunden, die sich verspekuliert haben, schützen. Aus diesem Grunde wird der Neu-kunde in spezielle Risikoklassen eingestuft. Bei Depoteröffnung muss man nun seine Börsenerfahrung offenlegen und wird einer Risikoklasse zugeordnet. So ist es einem Börsenanfänger z. B. nicht möglich, risikoreiche Aktien oder gar Optionsscheine zu erwerben. Diese Regelung schützt also nicht nur die Bank, sondern auch den unerfahrenen Bankkunden.

Die Direktbanken waren Vorreiter im Bereich Internetbanking. So kann der Kunde „realtime" Aktien kaufen oder verkaufen und das meist noch zu niedrigeren Gebühren.

Die Hausbank bzw. die Filialbanken müssen dagegen die Grund-kosten für Filialen, Mitarbeiter und Beratung auf die Gebühren um-legen.

Da börsenerfahrene Anleger zum Teil besser mit der Materie der Aktien vertraut sind als einige Bankberater, ist die Beratung für diese Kundengruppe sowieso überflüssig. In diesem Falle empfiehlt es sich, gleich zur Direktbank oder zum Discountbroker zu wechseln.

**Praxis-Tipp:**

Aktienunerfahrene Anleger sollten auf die persönliche Beratung ihrer Hausbank nicht verzichten. Die Gebührenmehrbelastung sollte man in diesem Falle in Kauf nehmen.

# Internet: Klicken Sie sich reich!

Das Internet nimmt rasant an Bedeutung zu. Konnte man vor ein paar Jahren noch nicht einmal seinen Kontostand im Internet abrufen, so verfügen heute nahezu alle Banken über eine Internet-Banking-Funktionalität. Heute sind nicht nur reine Bankgeschäfte, sondern auch Wertpapiertransaktionen über das Internet möglich. Es ist damit eine neue Art des Handelns entstanden.

Das Internet ist die ideale Basis für den Aktienkauf oder -verkauf, nicht nur, weil die Gebühren wesentlich niedriger sind, sondern weil die Transparenz und die Informationsvielfalt größer ist. So können Sie beispielsweise einige Minuten nach Auftragsgebung schon eine Abrechnung Ihrer Wertpapiertransaktion abrufen. Sie erfahren nun schon nach kurzer Zeit, zu welchen Kursen Ihre Transaktion ausgeführt worden ist. Weiterhin bieten einige Banken noch zusätzliche Funktionalitäten an. So können Sie beispielsweise Ihr Depot analysieren, historische Aufträge abrufen oder aber sich die Depotstruktur grafisch darstellen lassen.

Auch das enorme Informationsangebot ist beachtlich. Neben den aktuellen Wirtschaftsinformationen erhalten Sie auch zeitnahe Börsenkurse und aktuelle Unternehmensinformationen. Sie können in so genannten Foren mit anderen Anlegern über Ihre Anlagestrategien diskutieren oder einfach nur Erfahrungen austauschen.

**Wie und wo kauft man Aktien?**

*Wie funktioniert der Aktienkauf im Internet?*

Der Aktienkauf läuft in der Regel immer nach dem gleichen Muster ab:

- Der Kunde ruft die Homepage seiner Bank auf. Hier wechselt er dann zum Homebankingbereich. Dies kann jedoch etwas Zeit in Anspruch nehmen, was an den niedrigen Bandbreiten des Internets liegt, welche zu Stoßzeiten zu einem Datenstau führen können. Auch tragen die eingesetzten Verschlüsselungsverfahren zu einer Wartezeit bei.

- Es öffnet sich nun eine Eingabemaske, in der der Kunde seine Kontonummer bzw. seine Kundennummer eingibt.

- Daraufhin wird er zur Eingabe seiner persönlichen Identifikationsnummer (PIN) aufgefordert. Nun kann der Kunde die Homebankingangebote in Anspruch nehmen: Konto- und Depotstände abrufen oder sich über bestimmte Neuigkeiten informieren. Eine Auftragserteilung ist bis zu diesem Zeitpunkt noch nicht möglich.

- Will ein Kunde nun Aufträge erteilen, so muss er diese mit einer so genannten Transaktionsnummer (TAN) legitimieren. Die TANs erfüllen also den gleichen Zweck wie eine Unterschrift und sind nur einmalig gültig, so dass ein Missbrauch fast unmöglich ist, sofern man sorgsam mit diesen Nummern umgeht und diese beispielsweise nicht auf der Festplatte abspeichert.

- Klickt man nun „Wertpapieraufträge erteilen" an, so öffnet sich eine neue Eingabemaske. Hier muss der Kunde die Auftragsdaten eingeben: Wertpapierkennnummer (WKN), die Stückzahl der Aktien, den Börsenplatz, die Gültigkeit des Auftrages, das Limit und weitere Orderzusätze.

- Nun wird der Auftrag zur Bank übertragen. Die Bank führt eine Überprüfung der Daten durch. Sie überprüft beispielsweise, ob die WKN richtig ist oder ob das Kundenkonto des

64

Kunden für einen Kauf in der geforderten Stückzahl auch gedeckt ist.

- Ist diese Überprüfung erfolgreich abgeschlossen, so wird der Kunde gebeten, die Order durch seine Transaktionsnummer zu bestätigen. Mit Eingabe der TAN wird der Auftrag dann direkt zur Börse weitergeleitet.

**Praxis-Tipp:**

Das Internetbanking führt zu einem Flexibilitätsgewinn und zu einer Kostenersparnis. Deshalb kann nur jedem Anleger, der einen Computer mit Internetanschluss besitzt, geraten werden, seine Wertpapiergeschäfte online, d. h. über das Internet, abzuwickeln.

# Warum Kurse manchmal verrückt spielen

# 4

# Aktienindex: Das müssen Sie wissen!

Ein Aktienindex dient der Darstellung des durchschnittlichen Marktverlaufes. Er beinhaltet eine Vielzahl von Aktien aus den verschiedensten Sektoren. Man unterscheidet hier zwei Indexgattungen: zum einen den Kursindex und zum anderen den Performanceindex.

### Kursindex

Ein Kursindex setzt sich aus den Kursen der Einzelaktien zusammen. Wenn nun ein Unternehmen eine Dividende ausschüttet, so reduziert sich der Kurs am Tag der Ausschüttung um den Betrag der Dividende. Das heißt, in einem Kursindex sind keine Dividendenerträge enthalten.

### Performanceindex

Beim Performanceindex dagegen wird die Dividendenzahlung in den Index mit eingerechnet, so dass Dividendenzahlungen keinen Einfluss auf die Höhe des Index haben. Man kann den Performanceindex also auch als Total-Return-Index bezeichnen. Er misst hierbei den Gesamtertrag der Aktienanlage aus Kursveränderungen plus Ausschüttungen. Die Vorteile liegen dabei auf der Hand: Der Performanceindex zeigt damit nur die Kursveränderungen an, die aus Angebot und Nachfrage entstehen. Der Kursabschlag nach der Dividendenzahlung fällt nicht ins Gewicht.

### Gewichtete und ungewichtete Indizes

Weiterhin unterscheidet man bei Indizes gewichtete und ungewichtete Indizes. Bei ungewichteten entscheidet nur der Kurswert, nicht aber die Größe des Unternehmens über den Einfluss auf den Index. Das bedeutet aber auch, dass ein solcher Index anfällig für Manipulationen ist, da gezielte Käufe und Verkäufe des kleinsten Unternehmens den Kurs des Index beeinflussen können.

*Ungewichteter Index*

Wenn z. B. massive Käufe des kleinsten Wertes des Indizes einsetzen, so wird der Kurs künstlich nach oben gepuscht. Gezielte Verkäufe erzielen die gleiche Wirkung, allerdings in die andere Richtung.

Als typischer Vertreter ist hier der Dow Jones Industrial Average Index, kurz Dow Jones, zu nennen.

*Gewichteter Index*

Gewichtete Indizes dagegen passen das Gewicht eines Wertes, der im Index vertreten ist, nach der Größe der Marktkapitalisierung an. So erreicht man, dass das größte Unternehmen auch den größten kursbeeinflussenden Faktor ausübt. Das kleinste im Index vertretene Unternehmen dagegen hat den geringsten Einfluss auf den Index.

**Wichtig:** Da die Marktkapitalisierung Änderungen unterworfen ist, ist es notwendig, den Index von Zeit zu Zeit anzupassen. Das heißt: Aktien, die an Wert verloren haben, fallen möglicherweise aus dem Index heraus und andere nehmen den entsprechenden Platz ein. Die Summe der Gewichtungen muss dabei immer 100 betragen.

# Deutscher Aktienindex: Top 30 der Unternehmen

Der Deutsche Aktienindex (DAX) repräsentiert die 30 größten deutschen börsennotierten Unternehmen (auch DAX 30 genannt). Der DAX ist ein so genannter Performanceindex, in dem die Dividenden mit eingerechnet werden. Der DAX spiegelt die Gemütslage auf dem deutschen Börsenparkett wider.

In ihm dominieren Finanzdienstleistungsunternehmen wie die Allianz Versicherung oder die Deutsche Bank AG. Auch Automobilaktien, wie die neu fusionierte Firma DaimlerChrysler AG, oder Energieversorgungsunternehmen, wie die VEBA AG, sind vertreten.

**Warum Kurse manchmal verrückt spielen**

**Achtung:** Es fällt auf, dass im DAX Hightech-Unternehmen, mal abgesehen von der SAP AG, nicht vertreten sind. Auch Ölunternehmen findet man nicht. Das heißt aber auch, dass der DAX keine optimale Branchenstreuung aufweist.

| DAX 30 | |
|---|---|
| **Name** | **Branche** |
| Adidas-Salomon | Textilien, Sportbekleidungen |
| Allianz | Versicherung |
| BASF | Chemie |
| Bayer | Chemie/Pharma |
| BMW | Automobilindustrie |
| HypoVereinbank | Bank |
| Commerzbank | Bank |
| Deutsche Bank | Bank |
| DaimlerChrysler | Automobilindustrie |
| Degussa | Spezialchemie |
| Dresdner Bank | Bank |
| Deutsche Telekom | Telekommunikation |
| Henkel | Spezialchemie |
| FMC | Medizintechnik |
| Karstadt | Konsum |
| Lufthansa | Verkehr |
| Linde | Maschinenbau |
| MAN | Maschinenbau |
| Metro | Konsum |
| Mannesmann | Maschinenbau/Telekommunikation |
| Münchner Rück | Versicherung |
| Preussag | Maschinenbau/Stahl |
| RWE | Energie |
| SAP | Software |
| Schering | Pharma |
| Siemens | Elektro |
| Thyssen | Stahl |
| VEBA | Versorger |
| VIAG | Versorger |
| Volkswagen | Automobilindustrie |

## MDAX

Neben dem DAX 30 gibt es an der Deutschen Börse auch den MDAX. Der MDAX repräsentiert die Aktien der zweiten Reihe. Das soll aber keine Bemerkung über die Qualität der Unternehmen darstellen. Im MDAX sind 70 Werte enthalten und zwar entsprechend der Marktkapitalisierung sortiert. Das heißt übersetzt: Es sind die nächstkleineren Aktien, die nicht im DAX 30 vertreten sind. Sie tragen damit die Nummern 31 bis 100. Sie gehören also zu den Top 100 Unternehmen von Deutschland.

# EuroSTOXX 50:
# Top 50 europäischer Unternehmen

Ein weiterer wichtiger Aktienindex ist der Dow Jones EuroSTOXX 50 Index. Er beinhaltet die 50 größten Unternehmen aus dem Teil Europas, welcher an der Währungs- und Wirtschaftsreform teilnimmt. Er wird im Laufe der Zeit dem DAX den Rang ablaufen.

Im EuroSTOXX 50 sind nur folgende 14 DAX Unternehmen enthalten:

- Allianz

- BASF

- Bayer

- DaimlerChrysler

- Deutsche Bank

- Deutsche Telekom

- Dresdner Bank

- HypoVereinsbank

**Warum Kurse manchmal verrückt spielen**

- Mannesmann

- Metro

- Münchner Rück

- RWE ST

- Siemens

- VEBA

Es fällt auf, dass die SAP AG nicht vertreten ist. Das hängt damit zusammen, dass es von der SAP AG zwei Aktiengattungen gibt, einmal die Vorzugsaktie, die im DAX vertreten ist, und die Stammaktie, welche nicht im DAX vertreten ist. Die Aufnahmekriterien erlauben es aber nicht, dass die Marktkapitalisierung aus der Summe der Marktkapitalisierungen beider Aktiengattungen ermittelt wird. Leider reicht deshalb die Marktkapitalisierung nicht aus, um die Aktie in den EuroSTOXX 50 aufnehmen zu können.

Bei der Betrachtung der Indizes fällt auf, dass mit Abstand der größte Wert die Aktie des Niederländisch/Britischen Unternehmens Royal Dutch/Shell ist. Auch Technologieaktien sind vertreten.

**Achtung:** Im Zuge der zunehmenden Europäisierung und des Wegfalls des Wechselkursrisikos zwischen den EURO-Ländern werden die Aktienmärkte Europas weiter zusammenwachsen und zunehmend die nationalen Indizes verdrängen. Sie werden also in die Bedeutungslosigkeit verschwinden.

## EuroSTOXX 50

| Name | Land | Branche |
|---|---|---|
| ABN Amro Holding | Niederlande | Bank |
| Aegon | Niederlande | Versicherung |
| Ahold | Niederlande | Konsumgüter |
| Air Liquide | Frankreich | Chemie |
| Alcatel | Frankreich | Technologie |
| Allianz | Deutschland | Versicherung |
| AXA | Frankreich | Versicherung |
| Banco Bilbao Vizcaya | Spanien | Bank |
| Banco Santander C. H. | Spanien | Bank |
| BASF | Deutschland | Chemie |
| Bayer | Deutschland | Chemie |
| Carrefour | Frankreich | Handel |
| DaimlerChrysler | Deutschland | Automobil |
| Deutsche Bank | Deutschland | Bank |
| Deutsche Telekom | Deutschland | Telekommunikation |
| Dresdner Bank | Deutschland | Bank |
| Electrabel | Belgien | Versorger |
| Elf Aquitaine | Frankreich | Energie |
| Endesa | Spanien | Versorger |
| ENI | Italien | Energie |
| Fortis | Belgien | Finanzdienstleister |
| France Telecom | Frankreich | Telekommunikation |
| Generali | Italien | Versicherung |
| HypoVereinsbank | Deutschland | Bank |
| ING Groep | Niederlande | Finanzdienstleister |
| KPN | Niederlande | Telekommunikation |
| L'Oreal | Frankreich | Konsumgüter |

*noch: EuroSTOXX 50*

| Name | Land | Branche |
|---|---|---|
| LVMH | Frankreich | Konsumgüter |
| Mannesmann | Deutschland | Telekom/Maschinenbau |
| Metro | Deutschland | Kaufhaus |
| Münchner Rück | Deutschland | Rückversicherung |
| Nokia | Finnland | Technologie |
| Paribas | Frankreich | Bank |
| Philips Electronics | Niederlande | Technologie |
| Repsol | Spanien | Energie |
| Rhone-Poulenc | Frankreich | Chemie |
| Royal Dutch | Niederlande | Energie |
| RWE | Deutschland | EVU |
| Saint Gobain | Frankreich | Bau |
| Sanofi-Synthelabo | Frankreich | Pharma |
| Siemens | Deutschland | Elektro |
| Societe Generale | Frankreich | Bank |
| Suez Lyonnaise des Eaux | Frankreich | Versorger |
| Telekom Italia | Italien | Telekommunikation |
| Telefonica | Spanien | Telekommunikation |
| TotalFina | Frankreich | Öl |
| UniCredito Italiano | Italien | Bank |
| Unilever | Niederlande | Nahrungsmittel |
| Veba | Deutschland | Holding |
| Vivendi | Frankreich | Medien/Versorger |

# Dow Jones Index:
# Weltweit bekannt und einflussreich

Der Dow Jones Index ist wohl der bekannteste Index der Welt. Er spiegelt den Verlauf der Weltleitbörse in New York wieder. Er umfasst, genauso wie der deutsche DAX, die 30 größten börsennotierten Unternehmen. Jedoch ist er kein Performanceindex, sondern ein Kursindex, in dem Dividendenzahlungen nicht berücksichtigt sind. Auch handelt es sich bei diesem Index um keinen gewichteten, sondern um einen ungewichteten. Das heißt, alle vertretenen Unternehmen im Dow Jones Index haben den gleichen Einfluss auf die Höhe des Indexstandes.

## Dow Jones Index

| Unternehmen | Tätigkeitsfeld |
|---|---|
| Alcoa | Aluminium |
| Allied Signal | Luftfahrttechnik |
| American Express | Finanzen |
| AT&T | Telekommunikation |
| Bethlehem Steel | Stahl |
| Boeing | Flugzeugbau |
| Caterpillar | Maschinenbau |
| Coca-Cola | Getränke |
| Disney | Unterhaltung |
| DuPont | Chemie |
| Eastman Kodak | Fototechnik |
| Exxon | Öl |
| General Electric | Industrie Holding/Elektro |
| General Motors | Auto |
| IBM | Computer |
| Intel | Halbleiter |
| Home Depot | Baumarkt |
| Int. Paper | Papier |
| McDonalds | Gastronomie |
| Merck | Pharma |
| Microsoft | Software |

# Warum Kurse manchmal verrückt spielen

*noch: Dow Jones Index*

| Unternehmen | Tätigkeitsfeld |
|---|---|
| 3M Minnesota Mining | Mischkonzern |
| JP Morgan | Bank |
| Philip Morris | Tabak |
| Procter & Gamble | Konsumgüter |
| SBC Communication | Telekommunikation |
| Texaco | Öl |
| United Technology | Luftfahrt/Technologie |
| Westinghouse | Elektro |
| Woolworth | Handel |

| Checkliste: Aktienindizes | | |
|---|---|---|
| **Name** | **Beschreibung** | **Land** |
| DAX | Die 30 größten Werte | Deutschland |
| MDAX | 70 Mid Caps | Deutschland |
| DAX 100 | DAX+MDAX | Deutschland |
| CDAX | Alle deutschen Aktien | Deutschland |
| VDAX | Misst die Volatilität | Deutschland |
| Neuer Markt Index | Index der Werte vom Neuen Markt | Deutschland |
| CAC/40 | Die 40 größten Werte | Frankreich |
| FTSE/100 | Die 100 größten Werte | Großbritannien |
| Dow Jones STOXX | 665 Aktien | Europa |
| Dow Jones STOXX 50 | 50 Aktien | Europa |
| Dow Jones EuroSTOXX | 326 Aktien | Euroraum |
| Dow Jones EuroSTOXX 50 | 50 Aktien | Euroraum |
| Dow Jones Industrial | 30 Aktien | USA |
| NASDAQ | Über 5.000 Aktien | USA |

# Warum fallen oder steigen Kurse?

Die Frage, warum Kurse steigen oder fallen, lässt sich einfach beantworten. Der Kurs wird ermittelt aus Angebot und Nachfrage. Wenn die Nachfrage größer ist als das Angebot, so steigt der Kurs. Wenn die Nachfrage kleiner ist als das Angebot, so fällt der Kurs. Neben dieser durch Angebot und Nachfrage induzierten Kursbewegung existieren noch weitere, meist psychologische Gründe, die manchmal nicht oder nur teilweise nachzuvollziehen sind.

Der wichtigste Grund ist sicher, dass an der Börse Erwartungen gehandelt werden. Das heißt, die Erwartungen und Enttäuschungen bestimmen die Kurse. Werden die Erwartungen erfüllt, so steigen die Kurse, werden sie enttäuscht, reagieren sie in die andere Richtung. Als beispielsweise die „unangemessene Beziehung" von Präsident Clinton an die Öffentlichkeit drang, bestand die Gefahr, dass der Präsident seines Amtes enthoben werden könne. Folglich reagierten Anleger mit Unsicherheit, so dass kein rechtes positives Umfeld für steigende Kurse entstehen konnte.

**Beispiel:**

> „Schwarzer Montag" am 19. Oktober 1987, wo die Weltbörsen massiv einbrachen: Hervorgerufen wurde dieser Crash durch die Befürchtungen einer Dollarabwertung. Alleine die Angst davor veranlasste die Anleger, panikartig ihre Aktienpositionen zu verkaufen. Die Panik schürte die Verhaltensweisen. Diese Verhaltensweisen kennt man nur aus der Massenpsychologie, wo Reaktionen ohne Nachdenken ablaufen. Der ehemalige Bundeskanzler Helmut Schmidt behauptete seinerzeit: „Die Börse ist von Psychopathen bevölkert", womit er wohl Recht hatte.

Neben diesen Gründen gibt es aber auch noch andere, welche im Folgenden näher betrachtet werden sollen.

## Wirtschaftliche Gründe

Wirtschaftliche Gründe entstehen, wenn ein Unternehmen beispielsweise neue Produkte auf den Markt bringt. So gab es bei der Aktie des Pharmaherstellers Pfizer nach Bekanntgabe der Entwicklung der Potenzpille Viagra einen enormen Kursschub nach oben. Nach Bekanntgabe kletterte der Kurs um satte 45 Prozent.

Weiterhin wirken sich unternehmensspezifische Veränderungen auf den Kurs aus. So kann es zur Unsicherheit kommen, wenn z. B. ein Vorstandsmitglied das Unternehmen verlässt. Dagegen wirken sich Ankündigungen für den Unternehmensumbau, seien es nun Kosteneinsparungen durch Umstrukturierung oder aber durch Fusionen, positiv aus. Ist doch dadurch mit höheren Gewinnen zu rechnen.

Die bei einer Fusion freigesetzten Gewinnschübe werden auch als Synergieeffekte bezeichnet. Dies ist meist auch mit einem massiven Stellenabbau verbunden. Was hierbei schlecht für die Arbeitnehmer ist, ist gut für den Aktienkurs, da man in Zukunft mit einem zusätzlichen Profitschub rechnen kann.

Wer aber nun glaubt, dass eine hohe Arbeitslosigkeit die Aktionäre freut und nur zu Kursbewegungen nach oben führt, der irrt. Denn die Arbeitslosen haben wenig Geld für den täglichen Lebensunterhalt, folglich können sie nicht so viel kaufen wie vor der Arbeitslosigkeit. Das wiederum induziert, dass die Unternehmen weniger verkaufen können oder aber weniger Dienstleistungen verbringen können. Weiterhin werden durch die Arbeitslosen die Sozialkassen belastet, wodurch die Lohnnebenkosten der Unternehmen weiterhin erhöht werden. Dies und die daraus entstehende schlechte Stimmung beeinflussen die Gewinnerwartungen der Unternehmen, so dass schlimmstenfalls mit einer Kursreaktion nach unten zu rechnen ist.

**Wichtig:** Ein weiterer Aspekt für das wirtschaftliche Umfeld ist die konsequente Ausrichtung der Unternehmenspolitik zur Steigerung des Unternehmenswertes. Klar ist, dass hier die Aktionäre von dieser Unternehmungspolitik profitieren. Diese Politik wird als Shareholder Value bezeichnet. Sie umfasst folgende Punkte:

- Die konsequente Ausrichtung auf die Interessen der Aktionäre
- Regelmäßige Berichterstattung über den Geschäftsverlauf
- Konzentration auf die rentabelsten Geschäftsbereiche

Nun gibt es aber auch Bestrebungen, nicht nur die Aktionäre zufriedenzustellen, sondern auch die Arbeitnehmer. Dies ist insofern wichtig, weil nur motivierte Arbeitnehmer den maximalen Einsatz in der täglichen Arbeit verüben. Man muss also einen Weg finden, die Arbeitnehmer an dem Erfolg des Unternehmens teilhaben zu lassen. Dies geschieht heute in Form von so genannten Belegschaftsaktien. Die Idee dabei ist, dass die Arbeitnehmer zu einem Vorzugspreis Aktien des jeweiligen Unternehmens erwerben können und dann quasi Miteigentümer in „ihrer eigenen Firma" werden. Sie sind dann hoch motiviert, und der Unternehmenserfolg kann steigen. Dies erzeugt dann einen besseren Gewinn, was wiederum die Aktienkurse steigen lässt.

Neben diesen gibt es noch weitere kursbeeinflussende Faktoren in der Unternehmenspolitik. So wirken sich Übernahmephantasien, ein besseres Management sowie die Veröffentlichung von Prognosen des Vorstandes auf den Kurs aus.

Auch die Aufnahme einer Aktie in einen Index ist für den Kursverlauf positiv, da viele institutionelle Investoren, z. B. Investmentfondsgesellschaften, den jeweiligen Index nachbilden. Sie werden quasi gezwungen, die Aktie zu kaufen, und zwar in der Gewichtung, wie sie in dem jeweiligen Index vertreten ist.

### Politische Gründe

Neben diesen wirtschaftlichen Gründen gibt es jedoch auch politische Gründe. So wirken sich Krisen in anderen Teilen der Welt negativ aus. Als Beispiel wäre hier nur die Russlandkrise zu nennen. Hier wirkte sich die mehrmalige Entlassung der Regierung und der Wertverfall des Rubels negativ aus.

Aus innenpolitischer Sicht ist die Entwicklung der Steuern und Sozialabgaben von entscheidender Bedeutung. Treten hier Unsicherheiten auf, so werden geplante Investitionen vom In- und Ausland eingefroren. Es wird also die Investitionsquote gedämpft und damit das Wirtschaftswachstum reduziert.

Auch Unsicherheiten bezüglich bestehender Umweltvorschriften spielen für die Entwicklung eine Rolle. Ist z. B. mit einer Verschärfung der Abgasnormen zu rechnen, so muss womöglich in einem Industrieunternehmen eine bessere Abgasfilteranlage installiert werden. Diese Investition erzeugt jedoch keinen Profit für das Unternehmen, so dass die Gewinne zwangsläufig sinken. Sinkende Gewinne bedeuten aber immer auch sinkende Aktienkurse.

**Achtung:** Ein für die Zukunft noch entscheidender kursbeeinflussender Faktor ist die Einführung einer so genannten ökologischen Steuerreform. Diese ökologische Steuerreform schadet dem Wirtschaftsstandort Deutschland. Es ist demnach damit zu rechnen, dass Produktionsstätten ins benachbarte Ausland verlagert werden und dass geplante Investitionen in Deutschland gestrichen werden.

Ein weiter Kursfaktor ist auch ein kriegerischer Konflikt. Hier kommt es in der Regel zur Flucht in Sicherheit, es kommt zu Kursabschwächungen. Eine Ausnahme bilden hier die Hersteller von Waffen und Rüstungsgütern. Diese werden auf Grund der erhöhten Nachfrage ihren Umsatz verbessern können. Die Anleger ziehen wegen der Unsicherheit Gelder vom Aktienmarkt ab und kaufen verstärkt Rentenpapiere sicherer Staaten. Dieser Geldstrom verursacht ein Aufwerten der jeweiligen Währung.

Als Fluchtwährung wird in der Regel der US-Dollar angesehen. Es kommt nun zu einer Aufwertung des Dollars, was den US-Exportunternehmen schwer zu schaffen macht, da sie nun weniger attraktive Preise für ihre Produkte anbieten können. Die Folge ist, die Gewinne sinken und die Kurse ebenfalls. Da die anderen Weltbörsen die Tendenz der Weltleitbörse in New York übernehmen, kommt es auch hier zu Kursverlusten.

Einen weiteren Aspekt stellen die Großanleger dar. Sie bewegen viel Kapital und können so die Kurse leicht beeinflussen. Sie brauchen dazu noch nicht einmal selbst tätig zu werden. Es genügt schon, dass sie ankündigen, bestimmte Aktivitäten zu tätigen. Der Rest wird von den anderen Anlegern erledigt, die sich für solche Zwecke ausnutzen lassen.

## Liquidität: Geldmenge der Anleger

Von entscheidender Bedeutung ist auch die Liquidität. Als Liquidität wird hier die Geldmenge bezeichnet, die für die Anlage am Kapitalmarkt zur Verfügung steht.

Gerade in der heutigen Zeit tritt die private Altersvorsorge in den Mittelpunkt. Hierfür eignen sich besonders Aktien oder Aktiensparpläne. Hiermit hatte man in der Vergangenheit eine bessere Rendite erzielt als mit anderen Anlageformen. Das Risiko von Sparplänen ist relativ gering, solange eine bestimmte Anlagedauer eingehalten wird. Eine Anlage für ein oder zwei Jahre ist sicherlich hoch risikobehaftet. Benutzt man den Sparplan nun zur Altersversorgung, so spart man in der Regel vielleicht 20 oder 30 Jahre einen bestimmten Geldbetrag in Aktien an, womit das Risiko minimiert wird.

Das bedeutet, mit zunehmender Akzeptanz solcher Sparpläne fließt ein kontinuierlicher Geld- bzw. Liquiditätsstrom an die Börse. Das heißt, es fließen monatlich immer mehr Gelder in den Aktienmarkt, so dass langfristig mit noch mehr steigenden Kursen zu rechnen ist. Ein internationaler Vergleich bestätigt hierbei auch, dass die Anlage in Aktien für die Alterssicherung noch enorme Wachstumschancen aufweist. Diese Liquiditätsschwemme führt langfristig zu steigenden Kursen.

Neben diesen langfristigen Geldmengen gibt es aber auch kurzfristigere. So führen z. B. steigende Löhne dazu, dass die Anleger das Geld, was nicht für den täglichen Gebrauch benutzt wurde, in Anlageformen stecken, wie z. B. die Aktie. Dieser Liquiditätsstrom kann aber auch abbrechen, sowie die Inflation steigt oder mit mehr Steuern zu rechnen ist.

Es zeigt sich also, dass die Liquidität ein entscheidender kursbeeinflussender Faktor ist. Ist viel Liquidität vorhanden, so ist mit steigenden Kursen zu rechnen. Ebbt dagegen der Geldfluss zur Börse ab, sind Kursverluste vorprogrammiert.

**Wichtig:** Zu beachten ist auch, dass die meiste Liquidität aus dem Ausland nach Deutschland strömt, da das Aktieninteresse im Ausland viel größer ist als im Inland.

## Die Zinspolitik der Notenbank

Die Zinspolitik der Notenbank spielt eine entscheidende Rolle für den Verlauf von Aktienmärkten. Die Notenbank hat die Aufgabe, das Geldmengenwachstum und die Inflation zu überwachen und gegebenenfalls mittels Zinssatzsenkungen oder -erhöhungen auf die jeweilige Situation zu reagieren.

Die Inflation ist ein Frühindikator für die Geldpolitik. Steigende Inflation ruft eine restriktivere Geldpolitik hervor.

Die Geldmenge ist ein Indikator für die Liquidität. Steigt die Geldmenge, dann erhöhen sich die Investitionen der Unternehmen und die Anleger haben mehr Geld verfügbar, was wiederum zu steigenden Kursen führt.

Zinssenkungen rufen meist steigende und Zinserhöhungen meist fallende Notierungen hervor. Wie dies zu erklären ist, wird im Folgenden näher erläutert: Wenn Zinsen steigen, so werden nicht nur die Zinsen auf Sparguthaben besser verzinst, sondern auch Kredite. Das heißt, die Kreditkosten steigen an. Da sich aber die Unternehmen in der Regel viel Kapital mittels Krediten beschaffen, verringert sich dann auch der mögliche Gewinn. Damit steht dem Unternehmen dann auch weniger Geld für Investitionen zur Verfügung. Diese Aspekte induzieren dann eine Dämpfung der Konjunktur. Dies ist aber nicht der einzige negative Punkt. Höhere Zinsen machen die Aktie im Vergleich zur Rentenanlage weniger interessant, da sich das Risikoverhältnis ändert.

Im Umkehrschluß verursachen sinkende Zinsen eine Belebung der Konjunktur. Kreditkosten werden geringer, und es steht mehr Geld für Investitionen zur Verfügung. Auch beispielsweise die Baukonjunktur bekommt einen Schub, da die Hypothekenzinsen ja auch sinken. Dies lässt auf steigende Unternehmensgewinne hoffen, und die Aktienkurse steigen.

## Gefahren für den Kapitalmarkt in Deutschland

Mit der veränderten politischen Situation in Deutschland ist eine erhebliche Gefahr für den Kapitalmarkt verbunden.

Seit einiger Zeit herrscht daher ein reger Grenzverkehr zwischen Deutschland und dem Ausland. Fluchtländer stellen in der heutigen Zeit Luxemburg und in zunehmendem Maße auch die Schweiz dar. Dies ist damit zu erklären, dass die Schweiz nicht Mitglied in der Europäischen Union ist und somit nicht den zukünftigen europäischen Steuerrichtlinien unterliegt.

Die Geldanleger befinden sich quasi auf der Flucht vor dem Finanzamt. Jedes Jahr werden so schätzungsweise 30 bis 40 Milliarden DM ins Ausland transferiert.

Durch die neue Regierung hat sich diese Fluchtwelle noch verstärkt. So sorgt die verlängerte Spekulationsfrist sowie die Spekulationssteuer der Investmentfonds für eine neue Kapitalfluchtwelle. Weitere Aspekte sind die Besteuerung von so genannten Differenzgeschäften (Gewinne aus Optionen) und natürlich die Halbierung des Sparerfreibetrages ab 1. 1. 2000.

Diese Regulierungen führen dazu, dass nicht nur millionenschwere Anleger flüchten, sondern dass auch Normalbürger in zunehmendem Maße über eine Kapitalflucht nachdenken.

Eine derartige Kapitalfluchtwelle gab es schon einmal 1992, als die Zinsabschlagsteuer angekündigt wurde. Dies führte dazu, dass schlagartig 66 Milliarden DM allein nach Luxemburg flossen, mit der Folge eines Steuerausfalls von 14 Milliarden DM.

## Warum Kurse manchmal verrückt spielen

Die ganze Dramatik wird in der folgenden Abbildung deutlich. Hier ist das Geldvermögen der Deutschen im Ausland dargestellt. Wie man sieht, ist das Fallbeispiel „Luxemburg" nur die Spitze des Eisberges.

*Das deutsche Geldvermögen im Ausland*

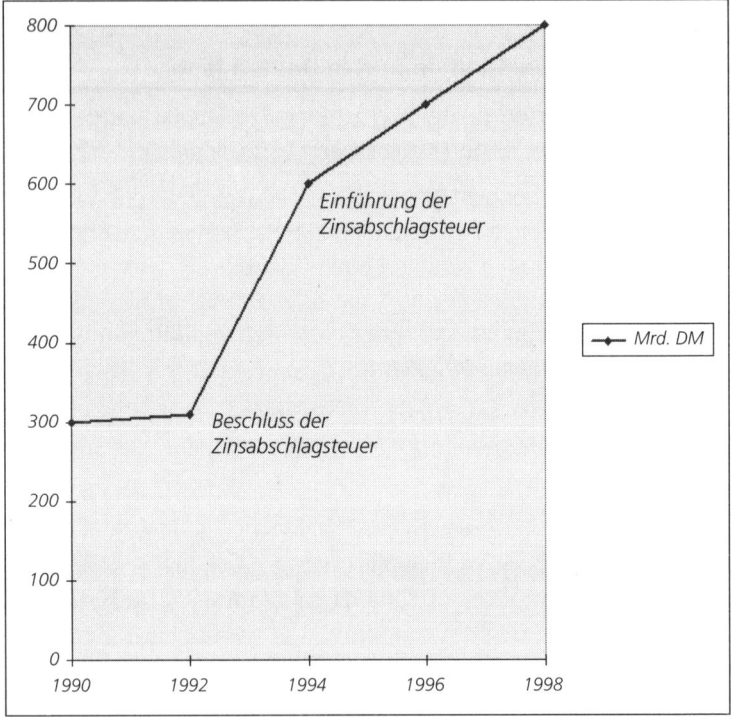

Eine weitere Gefahr besteht durch die Einführung der gemeinsamen Währung EURO. Für die Währung ist die Europäische Zentralbank (EZB) zuständig. Diese ist laut Vertrag von Maastricht unabhängig von Weisungen europäischer und nationaler Instanzen. Sie hat die Aufgabe, die Preisniveaustabilität zu erhalten. Nun aber ist gerade die Unabhängigkeit der EZB in Gefahr.

So gibt es Bestrebungen aus Frankreich und neuerdings auch aus dem Bundesfinanzministerium, die Unabhängigkeit der EZB aufzuweichen. Einen ersten Vorgeschmack konnten die Bürger bereits Ende 1998 bekommen, als der neue sozialdemokratische Bundesfinanzminister durch massiven Druck versuchte, die Deutsche Bundesbank dahingehend zu beeinflussen, dass diese die Zinsen senken sollte, um sozialdemokratische Ideologien zu unterstützen. Sollten sich diese Bestrebungen fortsetzen, so könnte die langfristige Stabilität der Währung nicht sichergestellt werden, da langfristige Stabilität nur durch Vertrauen in die neue Währung zu erreichen ist.

Man kann also nur hoffen, dass die Verantwortlichen im Laufe der Zeit ein wenig Erleuchtung finden und ihre kapitalmarktfeindlichen Aktionen einstellen.

# Konjunkturindikatoren: Der Blick in die Zukunft

Bei der Betrachtung der Konjunktur ist zu beachten, dass die Konjunktur nicht zu lebhaft wird, da dies meist ein Indiz für steigende Preise und Zinsen ist. Um nun diese Konjunkturentwicklung überwachen zu können, wurden einige Indikatoren entwickelt, welche Prognosen auf die Zukunft erlauben.

### Auftragszahleneingang

Der Auftragszahleneingang gibt an, wie der Name schon sagt, wie viele Aufträge die Unternehmen erhalten. Volle Auftragsbücher deuten auf eine gute Auslastung der Unternehmen hin. Dies wiederum ist ein Indiz für steigende Umsätze und Gewinne. Sinkende Auftragszahlen hingegen weisen auf fallende Gewinne hin. Es sind nun nahe liegende Probleme, sinkende Umsätze und baldige Entlassungen von Mitarbeitern zu befürchten.

## Ifo-Geschäftsklimaindex

Der Ifo-Geschäftsklimaindex ist ein so genannter Frühindikator. Er misst den Optimismus der Unternehmer. Sind diese für die Zukunft optimistisch eingestellt, so ist mit einer zukünftigen Belebung der Wirtschaft zu rechnen. Sollten die Unternehmer jedoch pessimistisch ihrer Geschäftsentwicklung entgegensehen, so könnte es ein Hinweis auf eine Abschwächung der Konjunktur sein.

## Entwicklung der Industrieproduktion

Die Entwicklung der Industrieproduktion gibt an, wie gut die Kapazitätsauslastung der Unternehmen ist. Dieser Indikator ist eine direkte Messlatte für die Konjunktur. Eine hohe Kapazitätsauslastung ist ein Kennzeichen für eine gut laufende Konjunktur, wogegen eine niedrige oder sinkende Kapazitätsauslastung auf eine schwache bzw. sich abschwächende Konjunktur hindeutet.

## Zahl der Baugenehmigungen

Wenn die Zahl der Baugenehmigungen ansteigt, dann ist dies ein klares Zeichen für einen baldigen Aufschwung, da Bauinvestitionen immer eine Reihe von weiteren Investitionen auslösen.

## Zahl der Kraftfahrzeugszulassungen

Dieser Indikator drückt aus, wie viele Autos neu zugelassen wurden. Daraus ist erkennbar, ob Autos verstärkt gekauft wurden oder nicht. Er ist also ein Stimmungsindikator. Menschen machen in der Regel nur größere Anschaffungen, wenn sie die Zukunft optimistisch einschätzen.

## Investitionen

Wenn Unternehmen die Zukunft positiv einschätzen, so sind sie eher bereit, Investitionen zu tätigen. Steigt nun die Höhe der Investitionen, so ist dies ein Zeichen für das Wachstum von Unternehmensgewinnen. Weiterhin lässt sich ableiten, dass die Arbeitnehmer nun ein höheres Einkommen haben, dass es mehr Beschäftigung gibt und dass der Wirtschaftsstandort modernisiert wird.

## Zahl der Beschäftigten

Die Beschäftigungszahlen sind ein Nachläufer der Konjunktur. Eine hohe Arbeitslosigkeit wirkt sich dämpfend auf die Konjunktur aus, da die Arbeitslosen weniger Einkommen haben und den Staat sowie die Sozialkassen belasten.

Es ist jedoch zu beachten, dass es nicht auf die absolute Zahl der Beschäftigung ankommt. So kann es durchaus sein, dass es ein Heer von Arbeitslosen gibt, die für die Unternehmen nicht zu gebrauchen sind. In der heutigen Zeit ist es meistens so, dass es trotz der hohen Arbeitslosigkeit einen Fachkräftemangel gibt. Es fehlt an ausreichend qualifiziertem Personal. Dies ist vor allem in der heutigen Hightech-Industrie erkennbar. In diesem Industriezweig fehlt es an allen Ecken und Kanten an Fachkräften. Dies wirkt sich natürlich dämpfend auf die Hightech-Industrie aus. Das Wachstum kann nicht im vollem Umfang stattfinden. Trotzdem ist dieser Sektor der Wachstumsmarkt Nummer 1, und wird dies auch auf absehbare Zeit bleiben, weshalb sich ein Investment gerade hier lohnt.

## Konsumklimaindex

Ein weiterer Indikator ist der Konsumklimaindex. Er spiegelt das Kaufverhalten der Verbraucher wider. Ein hoher oder steigender Konsum ist ein Indiz für eine steigende Konjunktur.

## Checkliste: Faktoren, die den Kurs beeinflussen

| Negative Faktoren | Positive Faktoren |
|---|---|
| Steigende Zinsen | Sinkende Zinsen |
| Schwächerer US-Dollar | Stärkerer US-Dollar |
| Fallende Devisenkurse | Steigende Kurse in den USA |
| Schlechte Wirtschaftsstimmung | Gute Wirtschaftsstimmung |
| Schlechte Konjunkturerwartung | Positive Konjunkturdaten |
| Krisen | Politische Stabilität |
| Kriege | Sinkende Steuern |
| Überbewerteter Aktienmarkt | Unterbewerteter Aktienmarkt |
| Umfangreiche Verkäufe von Großanlegern | Käufe von Großanlegern |
| Schlechte Nachrichten wie: Niedrigere Gewinne der Unternehmen, Verluste, Verteuerung der Rohstoffe und Misslungene Übernahmen. | Gute Nachrichten wie: Steigende Gewinne, Moderate Lohnabschlüsse, Erfindungen, Arbeitsplatzabbau und Rationalisierungen. |

# Vorsicht! Steuer

# 5

# Spekulationssteuer: Wann?

Das Hauptaugenmerk der Aktionäre liegt in der Gewinnerzielung. Jedoch will der Staat hier mitverdienen. Um dies zu verhindern, muss man einen wichtigen Punkt beachten: Gewinne aus Wertpapieren sind nur dann steuerfrei, wenn zwischen Kauf und Verkauf dieser Wertpapiere mindestens ein Jahr liegt. Das heißt also, dass nur die kurzfristige Spekulation und nicht die langfristige Anlage der Steuerpflicht unterliegt. Diesen Aspekt sollte man unbedingt in seiner Anlageentscheidung beachten.

Wenn ein Aktionär nun Gewinne aus Wertpapiertransaktionen erwirtschaftet, die innerhalb dieser so genannten Spekulationsfrist liegen, so muss er diese Gewinne in seiner Einkommensteuererklärung berücksichtigen. Diese Einkünfte werden auch als Einkünfte aus Spekulationsgeschäften genannt. Sie erhöhen damit die individuelle Steuerlast des jeweiligen Aktionärs.

**Wichtig:** Aber auch hier gibt es eine Ausnahme, die allerdings nur Kleinstanleger interessieren dürfte: Spekulationsgewinne sind bis zu einem Betrag von 1.000 DM steuerfrei. Zu beachten ist hier jedoch, dass es sich hierbei nicht um einen Steuerfreibetrag, sondern um eine Steuerfreigrenze handelt. Das heißt, dass ein Anleger, welcher 999 DM Gewinn erzielt hat, diese steuerfrei kassieren kann. Ein Anleger mit 1.001 DM Gewinn jedoch muss den gesamten Betrag versteuern.

**Achtung:** Für alle die, die von der Freigrenze nicht profitieren können, gibt es noch einen wichtigen Aspekt:

Gewinne können mit Verlusten, die innerhalb dieser Spekulationsfrist entstanden sind, verrechnet werden. Das heißt, es ist möglich, Gewinne aus Einzeltiteln steuerfrei zu kassieren, wenn im gleichen Zeitraum bei anderen Titeln Verluste erwirtschaftet worden sind. Zu beachten ist hierbei aber, dass die Verluste auch realisiert worden sind. Es reicht nicht, wenn nur Buchverluste eingetreten sind.

# Körperschaftssteuer: Auch für Aktionäre?

Eine Körperschaftssteuer ist vereinfacht nichts anderes als die „Einkommensteuer der Unternehmen". Das heißt, was für den Arbeitnehmer die Einkommensteuer ist, das ist für das Unternehmen die Körperschaftssteuer.

Aktionäre erhalten nach einer Dividendenzahlung eine Abrechnung von ihrer Bank. Auf dieser Abrechnung sind mehrere Positionen aufgeführt. Schüttet eine Gesellschaft beispielsweise eine Dividende von 1,20 DM aus, so erhalten sie zusätzlich 47 Pfennig als Körperschaftssteuergutschrift. Mit dieser Gutschrift erstattet das Unternehmen nur seinen Anteil an den bereits an das Finanzamt abgeführten Körperschaftssteuern.

Ohne diese Gutschrift würde eine Doppelbesteuerung eintreten. Einmal würde beim Unternehmen besteuert und ein zweites Mal beim Aktionär. Die erstattete Körperschaftssteuer neutralisiert diesen Effekt.

**Achtung:** Der Aktionär muss auf die Dividende einen Abschlag von 25 Prozent als Kapitalertragssteuern abführen. Die genaue Höhe richtet sich nach dem individuellen Einkommensteuersatz des Aktionärs.

Die Kapitalertragssteuer wird in der Regel sofort von der Bank einbehalten und ans Finanzamt abgeführt. Umgehen kann man dies durch die Einreichung eines Freistellungsauftrages für Kapitalerträge.

# Zwischengewinne: Steuerfrei?

Investmentfonds erwirtschaften außer Kursgewinnen auch Erträge. Diese Erträge stammen aus Dividenden oder Zinseinnahmen. Sie werden das ganze Jahr über angesammelt und am Ende des Geschäftsjahres als so genannte Ausschüttung an die Anteilseigner

überwiesen. Diese angesparten Erträge werden auch Zwischenge-
winne genannt.

Verkauft z. B. ein Anleger zwischen zwei Ausschüttungen seine
Anteile, so müssen diese Erträge anteilmäßig angerechnet werden,
da diese ja der Kapitalertragssteuer unterliegen.

Kauft dagegen ein Anleger Anteile zwischen zwei Ausschüttungen,
so müssen die Erträge, die vor dem Kauf angefallen sind, ihm in
Form einer Gutschrift angerechnet werden, denn er kann ja nicht
steuerlich für Kapitalerträge aufkommen, die entstanden sind,
bevor er seine Anlage getätigt hat. Diese Gutschrift wird bei der
nächsten Ausschüttung verrechnet, so dass ihm keine steuerlichen
Nachteile entstehen.

Der Gesetzgeber will damit verhindern, dass ein Anleger seine
Anteile vor einer Ausschüttung veräußert und nach der Ausschüttung zurückerwirbt und damit die Erträge als Kursgewinne ein-
streicht.

# Aktienanalyse: Wann ist eine Aktie zu teuer, wann billig?

# 6

# Kennzahlen der Aktienanalyse

An der Börse notieren eine Vielzahl von Aktien aus unterschiedlichen Branchen. Selbst Profis können hier schnell den Überblick verlieren.

Aber wann ist eine Aktie billig, und wann ist sie zu teuer? Um diese und andere Fragen beantworten zu können, wurden von Analysten die verschiedensten Kennzahlen entwickelt. Diese Kennzahlen ermöglichen es, Aktien neutral zu bewerten.

Solche Kennzahlen sind daher gute Indikatoren, ob der Kurswert dem Wert des Unternehmens entspricht, denn die Kurshöhe an sich lässt keinen Schluss auf die Preiswürdigkeit zu. So kann es z. B. sein, dass eine Aktie nur zwei Mark kostet, aber dennoch viel zu teuer ist. Um zukünftige Kaufsignale erkennen zu können, werden im Folgenden die wichtigsten näher erläutert.

## Kurs/Gewinn-Verhältnis

Das Kurs/Gewinn-Verhältnis, kurz KGV genannt, ist wohl die bekannteste Kennzahl. Das KGV ist ein Indikator für die Preiswürdigkeit einer Aktie. Es wird auch als Preis-Leistungs-Relation bezeichnet.

Die Berechnungsvorschrift lautet:

$$\frac{B\ddot{o}rsenkurs}{Ergebnis/Aktie} = KGV$$

wobei sich das Ergebnis je Aktie aus dem Unternehmensgewinn je Anteil ergibt. Der Unternehmensgewinn ergibt sich aus dem Jahresüberschuss abzüglich außerordentlicher und periodenfremder Einflüsse wie z. B. die Kosten für den Börsengang oder aber Erträge aus Verkäufen von Tochterunternehmen. Um hier eine Vereinheitlichung in Deutschland vorzunehmen, wird hierfür immer das DVFA Ergebnis (Deutsche Vereinigung für Finanzanalyse und Anlageberatung) verwendet. Als Faustregel gilt: Je niedriger das KGV, desto preisgünstiger ist die Aktie.

**Beispiel:**

Das Unternehmen A erwirtschaftet einen Gewinn von 5 DM je Aktie. Die Aktie wird zur Zeit mit einem Kurs von 100 DM an der Börse notiert. Somit ergibt sich ein KGV von 20. Das heißt, die Aktie ist mit dem zwanzigfachen Jahresgewinn bewertet.

Alleine die Betrachtung dieser Zahl lässt noch keinen Schluss auf die Preiswürdigkeit zu, da die Bewertungen von Branche zu Branche sehr unterschiedlich sind. So sind Konsumaktien traditionell mit einem höheren KGV bewertet als beispielsweise Chemie- oder Stahlindustrieaktien.

Deshalb kann das KGV nur zum Vergleich von Unternehmen herangezogen werden, die im gleichen Tätigkeitsbereich arbeiten. Man kann hiermit überprüfen, ob das KGV im Vergleich zur Branche höher oder niedriger ist.

Weiterhin sollte man den internationalen Vergleich mit dem KGV meiden, da in den unterschiedlichsten Ländern andere Methoden zur Gewinnermittlung herangezogen werden. So besitzen die Aktien aus Japan beispielsweise ein fast doppelt so hohes KGV wie in Deutschland.

Auch die verschiedensten Aktienklassifikationen sind durch unterschiedliche KGVs gekennzeichnet. So weisen Wachstumswerte in der Regel ein sehr hohes KGV aus, weil die Gewinnerwartung höher ist und eine Menge Phantasie in den Werten steckt. Auch hier gibt es eine Faustformel.

**Praxis-Tipp:**

Wachstumsaktien, bei denen das KGV kleiner ist als die erwartete jährliche Gewinnwachstumsrate, gelten in der Regel als preiswert.

**Aktienanalyse**

Substanzwerte dagegen zeichnen sich meist durch ein niedriges KGV aus und Standardwerte durch ein durchschnittliches KGV. Jedoch ist auch hier zu beachten, dass allein ein niedriges KGV noch kein Indiz für ein Kaufsignal ist, da hiermit noch keine Entscheidung dahingehend getroffen werden kann, ob es dem Unternehmen gut oder schlecht geht.

Ein weiteres Einsatzgebiet für das Kurs/Gewinn-Verhältnis ist die Analyse der Gesamtmarktbewertung. Das KGV dient hier als Indikator für die Gesamtbewertung des Marktes. So ist historisch belegt, dass das KGV in Deutschland in den letzten Jahren zwischen 14 und 16 lag.

Um nun eine Bewertung vornehmen zu können, wird der Kapitalmarktzins von zehnjährigen Bundeswertpapieren zu Grunde gelegt. Um so niedriger die Zinsen der Rentenpapiere sind, um so höher darf das Gesamtmarkt-KGV sein. Die heutige Bewertung ist mit einem KGV von über 22 bei den zur Zeit sehr niedrigen Zinsen durchaus gerechtfertigt.

**Kurs/Cash-Flow-Verhältnis**

Da das KGV sich nicht für internationale Vergleiche eignet, weil die Regeln zur Ermittlung des Gewinns unterschiedlich sind, muss eine andere Kennzahl für den internationalen Vergleich herangezogen werden: das Kurs/Cash-Flow-Verhältnis (KCV).

Der Cash-Flow ist aussagefähiger als der Nachsteuergewinn. Der Cash-Flow ist eine Liquiditätskennzahl. Sie bezeichnet den finanziellen Überschuss, den ein Unternehmen im laufenden Geschäftsjahr erwirtschaftet hat. Er bezeichnet ferner, wie groß das Potential des Unternehmens ist, Schulden zu tilgen oder aus eigener Kraft eine Expansion zu finanzieren.

**Wichtig:** Der Cash-Flow errechnet sich wie folgt: Überschuss plus Aufwendungen, die nicht zu Ausgaben führen, wie z. B. Abschreibungen oder Veränderung der langfristigen Rückstellungen. Der Cash-Flow nach DVFA enthält dann noch zusätzlich ungewöhnliche, zahlungswirksame Aufwendungen und Erträge.

Wenn nun noch die Ertragssteuern hinzugerechnet werden, so spricht man vom Brutto-Cash-Flow. Das KCV errechnet sich demnach nach folgender Formel:

$$\frac{Kurs}{Cash\ Flow} = KCV$$

**Praxis-Tipp:**

Je niedriger das KCV, um so günstiger ist die Aktie bewertet. Der Vergleich mit anderen Unternehmen wird, wie auch beim KGV, um so besser, je ähnlicher sich die Firmen sind. Das heißt, es sollte auch hier nur ein Vergleich mit Unternehmen der gleichen Branche stattfinden.

Personalintensive Unternehmen, wie Banken, haben geringere Abschreibungen zu tätigen. Also ist deren CashFlow niedriger, und damit ist auch das KCV höher als beispielsweise bei Unternehmen wie der Chemiebranche, die hohe Abschreibungen zu tätigen haben. Das KCV macht also Unternehmen mit unterschiedlichen Abschreibungspraktiken miteinander vergleichbar.

Hohe Abschreibungen sind ein Indiz für einen hohen Investitionsgrad. Ein KCV von 4 heißt beispielsweise, dass der aktuelle Kurs innerhalb von vier Jahren aus dem Finanzmittelzufluss gedeckt ist. Der Nachteil dieser Kennzahl besteht darin, dass die Daten, auf denen die Berechnung beruhen, oft schon veraltet sind.

### Kurs/Buchwert-Verhältnis

Das Kurs/Buchwert-Verhältnis (KBV) benutzt bei der Analyse einen völlig anderen Ansatz. Hier ist nur die Substanz des Unternehmens von Bedeutung. Diese Kennzahl ist vorrangig für konservative Anleger interessant. Der Buchwert entspricht dem Eigenkapital des

**Aktienanalyse**

Unternehmens. Dabei wird das Eigenkapital um einige im Folgenden aufgeführte Positionen bereinigt. Somit ergibt sich der Buchwert aus dem Eigenkapital

- abzüglich der Anteile anderer Gesellschafter, da sie nicht dem Unternehmen gehören,

- abzüglich der Ausschüttungen, die an die Aktionäre fließen,

- abzüglich dem Geschäftswert, der bei einer Akquisition entsteht,

- zuzüglich dem Eigenkapitalanteil des Sonderpostens mit Rücklageanteil.

Das heißt, der Buchwert gibt an, wie viel Eigenkapital das Unternehmen für schlechte Zeiten hat. Denn wenn ein Unternehmen rote Zahlen schreibt, dann lebt dieses auf Kosten seiner eigenen Substanz. Damit würde sich der Buchwert kontinuierlich verringern. Je höher die Substanz also ist, desto länger kann es Schwächeperioden überstehen. Es sagt also aus, wie hoch Anleger das Eigenkapital des Unternehmens bewerten.

**Praxis-Tipp:**

Je niedriger das KBV, desto preiswerter ist eine Aktie unter Substanzwertaspekten.

Das KBV errechnet sich aus:

$$\frac{Kurs}{Buchwert/Aktie} = KBV$$

In Deutschland beträgt das durchschnittliche Kurs/Buchwert-Verhältnis etwa 7. Ausreißer in der Statistik bilden hier die Unternehmen SAP und Münchner Rück. Diese haben ein sehr hohes KBV.

**Praxis-Tipp:**

Die Theorie sagt, dass, wenn ein Aktientitel nahe seinem Buchwert notiert, Einstiegskurse erreicht sind.

## Dividendenrendite

Eine weitere interessante Kennzahl ist die Dividendenrendite. Sie ist vor allem für konservative Anleger interessant. Sie gibt an, wie hoch die Rendite der Dividendenausschüttungen ist. Eine hohe Ausschüttung induziert somit eine gute Basisverzinsung. Sie bietet einen Schutz vor Kursverlusten. Beträgt die Dividendenrendite z. B. 5 Prozent und sind am Rentenmarkt nur Renditen von 4 Prozent zu erwirtschaften, dann ist die Anlage in dieser Aktie interessanter als der Kauf einer Anleihe. Die Aktienanlage wirft hier sogar eine höhere Rendite ab als andere Anlageformen. Weiterhin ergeben sich hierdurch noch weitere Kurschancen, weshalb aus Risiko/Chancen-Aspekten alles für eine Anlage in solchen Werten spricht. Die Dividendenrendite errechnet sich aus dem Ausschüttungssatz dividiert durch den Börsenwert der Aktie. Hierbei wird die Steuergutschrift nicht berücksichtigt.

Die Dividendenrendite ist auch ein Indiz für vielfältige Reaktionen des Aktienmarktes. So haben Untersuchungen ergeben, dass Standardwerte mit besonders hoher Dividendenrendite auch besonders hohe Kurschancen aufweisen.

Weiterhin lässt sich aus der Dividendenrendite eine Timing-Voraussage für den richtigen Kauf- bzw. Verkaufszeitpunkt ableiten. Wenn die Differenz zwischen dem Zinssatz von zehnjährigen Bundesanleihen und der Dividendenrendite eine bestimmte Höhe hat, kann man bestimmen, ob es sich um Kauf- oder Verkaufskurse handelt. Ab welcher Differenz sich demnach ein Investment lohnt, kann nicht mit bestimmter Sicherheit gesagt werden. Im Allgemeinen tendieren die Expertenmeinungen dabei um einen Wert zwischen 4 und 6 Prozent.

**Beta-Faktor**

Der Beta-Faktor ist ein Indikator für Profis. Er lässt sich auch nicht ohne weiteres bestimmen. Zur Berechnung muss ein Computer herangezogen werden. Die Idee besteht darin, eine Korrelation zwischen der Kursentwicklung von Einzelaktien und dem jeweiligen Index herzustellen.

Der Beta-Faktor zeigt an, wie volatil ein Aktientitel ist, und errechnet sich wie folgt:

> *Kursänderung der Aktie = BETA x Änderung des Index*

Hierbei kann Beta folgende Werte annehmen:

- Größer 1   Aktie schwankt stärker als der Gesamtmarkt

- Gleich 1   Aktie schwankt wie der Gesamtmarkt

- Kleiner 1   Aktie schwankt weniger als der Gesamtmarkt

Hat der Beta-Faktor z. B. einen Wert von 1,4, so bedeutet dies, dass die Aktie 1,4 mal so stark schwankt wie der entsprechende Index.

Der Beta-Faktor dient hauptsächlich dazu, die richtige Struktur für das Depot zu finden. So sollten in Phasen mit lang anhaltenden Kursrückgängen (Baisse) Aktien mit einem Beta-Faktor nahe Null überwiegen, und in Zeiten mit lang anhaltenden Kurssteigerungen (Hausse) sollten dagegen Aktientitel mit einem Faktor von größer 1 überwiegen. Das sind z. B. Werte von Hightech-Aktien.

**Praxis-Tipp:**

In Zeiten von Unsicherheit sollten Aktien mit einem Beta-Faktor gleich 1 bevorzugt werden.

## Relative Stärke

Eine weitere Kennzahl ist die Relative Stärke. Sie gibt an, wie sich der Wert im Vergleich zum Index verhält. Je höher der Wert ist, desto stärker ist die Aktie im Vergleich zum Index gestiegen. Sie berechnet sich wie folgt:

$$\frac{\textit{Kursveränderung der Aktie}}{\textit{Kursveränderung des Index}} = \textit{Relative Stärke}$$

## Der Korrelationskoeffizient

Der Korrelationskoeffizient stellt so etwas Ähnliches wie der Beta-Faktor dar. Auch hier wird der Zusammenhang einer Aktie mit der Kursbewegung des entsprechenden Index dargestellt. Er wird börsentäglich von der Frankfurter Wertpapierbörse für alle im DAX vertretenen Aktien ermittelt. Dabei kann der Korrelationskoeffizient folgende Werte annehmen:

- 1 Der Verlauf des Aktienkurses ist identisch mit dem des Index.

- 0 Es besteht kein Zusammenhang zwischen Aktienkurs und Index.

- −1 Der Kursverlauf der Aktie ist entgegengerichtet zum Kursverlauf des Index.

## Kursgewinner/Kursverlierer-Verhältnis (AD-Line)

Das Kursgewinner/Verlierer-Verhältnis gibt an, wie groß die Differenz zwischen gefallenen und gestiegenen Aktien ist. Diese errechnete Linie, welche auch als AD-Linie bezeichnet wird, wird dann im Vergleich zum Index betrachtet.

Mit dieser Analysekennzahl kann man einen frühzeitig einsetzenden Trend erkennen. Verlaufen beispielsweise die AD-Linie und der entsprechende Index parallel, so ist der Trend in der Regel intakt.

Ist dagegen eine Differenz vorhanden, so lässt sich eine kommende Trendwende vermuten.

### „New Low/New High"-Indikator

Der „New Low/New High"-Indikator gibt an, wie viele Aktien in den letzten zwölf Monaten einen neuen Höchst- bzw. Tiefstand ausgebildet haben. Die für diesen Indikator verwendeten Aktien befinden sich meist in einem Aktienindex. Dies ergibt sich aus der Tatsache, dass hierfür nur marktbreite Titel Verwendung finden. Um diesen Indikator zu berechnen, werden aus diesen Werten gleitende Durchschnitte gebildet.

> **Praxis-Tipp:**
> Wenn nun die Anzahl der Aktien mit neuen Höchstständen größer ist als die Anzahl von Aktien mit neuen Tiefständen, so setzt sich in der Regel der Aufwärtstrend fort.

Wenn die neuen Höchststände z. B. ein Indexhoch nicht bestätigen, so deutet dieser Indikator auf eine technische Schwäche hin. Hieraus lässt sich dann auf einen kommenden Trendwechsel schließen. Wird dagegen ein Indexhoch durch die Höchststände untermauert bzw. bestätigt, so ist in der Regel mit der Fortsetzung des Trends zu rechnen.

# Fundamentalanalyse

Die Fundamentalanalyse soll hier nur kurz umrissen werden, da dieses Gebiet ein sehr komplexes ist und den Rahmen dieses Buches sprengen würde. Auch Privatanleger werden wohl keine Zeit finden, mit dem Management des jeweiligen Unternehmens zu sprechen, Jahresabschlüsse und Presseberichte zu studieren sowie die Auftragslage der Unternehmen im Auge zu behalten. Dies sollte den Profis überlassen werden. Nur der Vollständigkeit wegen werden im Folgenden einige Aspekte der Fundamentalanalyse genannt.

Die Fundamentalanalyse befasst sich mit der Analyse der Volkswirtschaft, mit Börsen und Konjunkturzyklen. Sie umfasst das Studium von Bilanzen und von Branchenzyklen. Die verschiedensten Aspekte lassen sich auf der oberen Ebene folgendermaßen quantifizieren:

- Produkte und Märkte
- das Management
- das Gewinnwachstum
- die Marktstellung
- die Finanzlage
- der Auftragseingang
- die Kapazitätsauslastung eines Unternehmens

Sie sehen also, dass es für den Privatanleger nicht so einfach möglich ist, eine solche Fundamentalanalyse selbständig zu verfassen.

Wenn Sie richtig in die Fundamentalanalyse einsteigen wollen, so sind folgende Bücher geeignet: „Profi-Handbuch Aktienanalyse" und „Wertpapieranlage: Kursgewinne durch richtiges Timing" – jeweils erschienen im Walhalla Fachverlag.

# Technische Analyse

Die technische Analyse von Aktien ist eine sehr umstrittene Form der Aktienanalyse. Sie bildet sich alleine auf Grund von Kursdiagrammen (Charts) und den dazugehörigen Umsätzen eine Meinung vom zukünftigen Verlauf der Kurse. Die Fundamentaldaten spielen hierbei keine Rolle. Trotzdem ist sie eines der wichtigsten Prognosemittel der Kapitalmärkte.

Es wird versucht, die weitere Tendenz der Kurse zu ermitteln. Dies gelingt jedoch nur, weil sich die Menschen in bestimmten Situationen ähnlich verhalten. Dieses Verhalten ist psychologisch nachweisbar. Die Grundlage bilden in den meisten Fällen zwei Verhaltensweisen: Gier und Angst. Da sich diese beiden Verhaltensweisen kaum ändern, kann man aus der Vergangenheit Rückschlüsse auf zukünftige Reaktionen ziehen.

**Aktienanalyse**

Die technische Analyse gliedert sich im Allgemeinen in zwei große Teilgebiete: die Trend- und Formationsanalyse.

## Trendanalyse

Bei der Trendanalyse wird versucht, Trendlinien im Aktienchart zu finden. Dabei verbindet man die sinkenden Hochpunkte des Charts miteinander und erhält nun einen Abwärtstrend. Umgekehrt erhält man durch das Verbinden der steigenden Tiefpunkte einen Aufwärtstrend. Diese Linien können nach oben oder unten verschoben werden. Dadurch erhält man dann einen so genannten Trendkanal. In diesem Trendkanal können sich die Kurse dann bewegen.

Wenn die Linien des Trendkanals nach unten durchbrochen werden, so ist dies in der Regel ein Signal für sinkende Kurse. Umgekehrt deutet ein Durchbrechen der oberen Trendkanallinie auf steigende Kurse hin.

*Die Trendanalyse ist eine sehr subjektive Analysemethode*

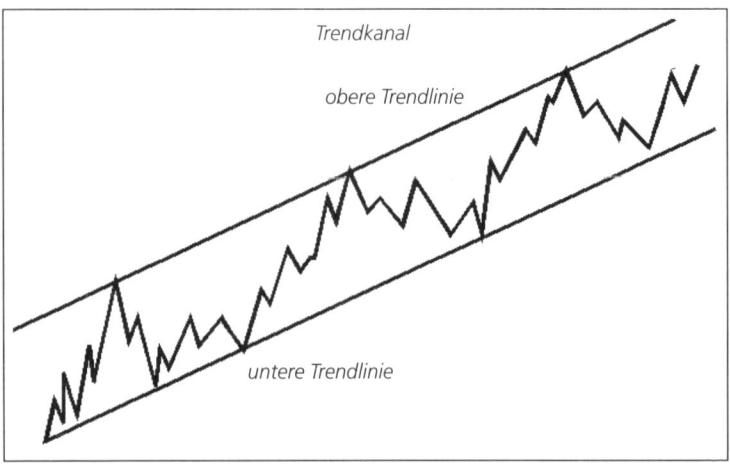

**Formationsanalyse**

Das zweite große Teilgebiet der technischen Analyse ist die Formationsanalyse. Hier wählt man einen anderen Ansatzpunkt. Wie oben beschrieben, wird nach bestimmten Verlaufs- bzw. Verhaltensmustern der Vergangenheit Ausschau gehalten.

Diese Muster haben meistens Ähnlichkeit mit bestimmten Figuren. So gibt es Schulter-Kopf-Schulter-Formationen, Wimpel oder Dreiecke.

Welche Bedeutung die wichtigsten Formen besitzen, wird in den zwei folgenden Abschnitten näher erläutert. Dort wird detaillierter auf Formen, die steigende Kurse, und Formen, die auf fallende Kurse hindeuten, eingegangen.

Jedoch vorher noch zwei weitere Analysemethoden der technischen Analyse:

Die Rede ist von dem Umsatzverhalten und der Indikatorenanalyse, welche im Allgemeinen als Ergänzung der beiden großen Teilgebiete gelten.

So ist das Umsatzverhalten hauptsächlich für die Formationsanalyse interessant. Hier kann man z. B. aus rückläufigen Umsätzen bei steigenden Kursen ein negatives Signal erkennen. Es ist dann ein Anzeichen, dass die Kurse in absehbarer Zeit etwas fallen werden. Wie stark diese fallen, kann nicht genau bestimmt werden. Dies erfordert dann eine umfangreichere Analyse, die das gesamte Teilgebiet der technischen Analyse umfasst. Das gleiche gilt, wenn bei steigenden Umsätzen die Kurse fallen. Auch dies lässt nichts Positives für die Zukunft erwarten.

Eine weitere ergänzende Analysemethode ist die so genannte Indikatorenanalyse. Sie bildet, im Gegensatz zur Methode des Umsatzverhaltens, einen eigenständigen Analysezweig der technischen Analyse.

Hier versucht man mittels der Analyse von gleitenden Durchschnitten, Trendwechsel zu erkennen. Die wohl bekannteste gleitende Durchschnittslinie ist die 200-Tage-Linie.

## Aktienanalyse

Sie wird gebildet, indem man die Tagesschlusskurse der vergangenen 200 Börsentage zusammenaddiert und das Ergebnis durch die Anzahl der Tage, also 200, dividiert.

Kauf- und Verkaufssignale entstehen hierbei, wenn der Kurs die schon flach verlaufende 200-Tage-Linie schneidet. Dabei ist zu beachten, dass es auch auf den Steigungswinkel der 200-Tage-Linie ankommt.

> **Praxis-Tipp:**
>
> Die Vergangenheit zeigt, dass fallende Kurse oft von der 200-Tage-Linie abprallen und dann wieder steigen. Umgekehrt gilt das Gleiche. Wenn Kurse im Begriff sind zu steigen, dann schaffen sie es nicht, diese Linie nach oben zu durchbrechen. Mit der Methode der gleitenden Durchschnitte kann somit nur ein großer Trend eingefangen werden. Bei einem Seitwärtstrend versagt diese Methode.

## Charttechnische Signale für steigende Kurse

*Umgekehrte Insel*

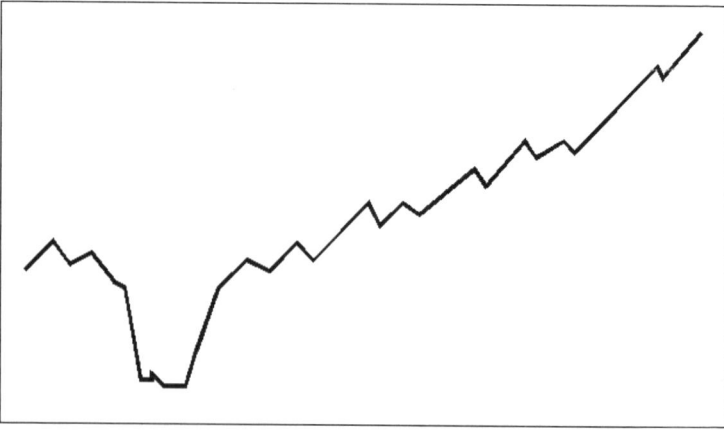

Diese Chartformation entsteht oft nach einem sehr starken Kursverfall. Der Kurs schlägt hierbei, nach einem solchen Einbruch, in die entgegengesetzte Richtung um. Die Insel, die sich mit etwas Phantasie erkennen lässt, entwickelt sich dabei an den Wendepunkten des Trends.

*Kopf-Schulter-Boden*

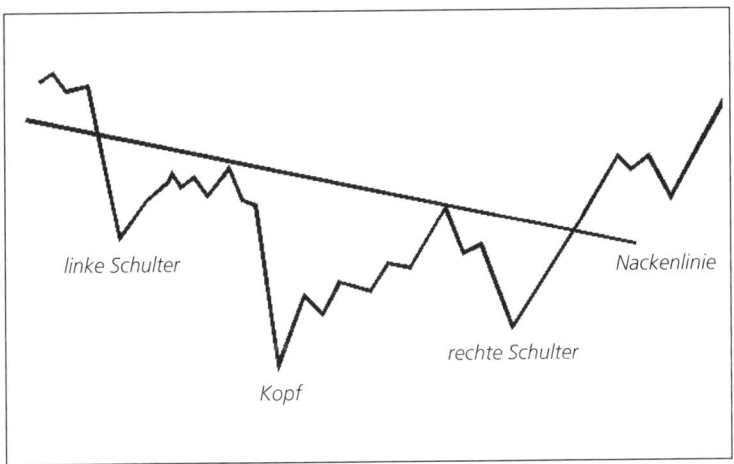

Die Kopf-Schulter-Boden-Formation ist eine der bekanntesten Chartformationen. Der Kurs läuft hierbei im Zickzack. Er erreicht über einen längeren Zeitraum ein bestimmtes Niveau nicht. Dieses Niveau, auch Nackenlinie genannt, wird nicht durchbrochen. Ist diese Formation abgeschlossen, so geht es mit den Kursen nach oben.

## Aktienanalyse

*Untertasse*

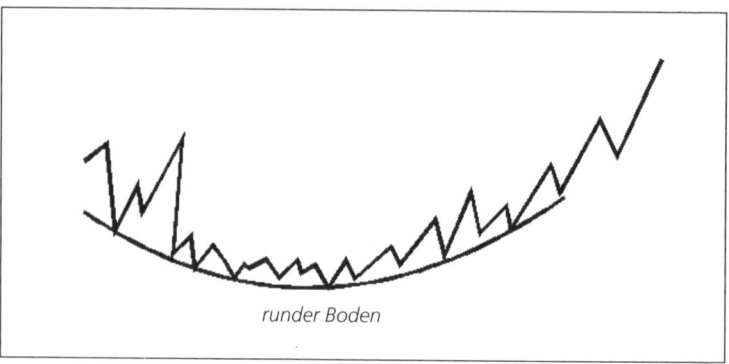

runder Boden

Das Muster der Untertasse ergibt sich aus einer sich langsam durch-
setzenden Trendwende. Dabei ähnelt es einer Untertasse. Dieses
Kursband beschreibt daher den ausgewogenen Wechsel von Angebot und Nachfrage.

## Charttechnische Signale für fallende Kurse

*Fächer*

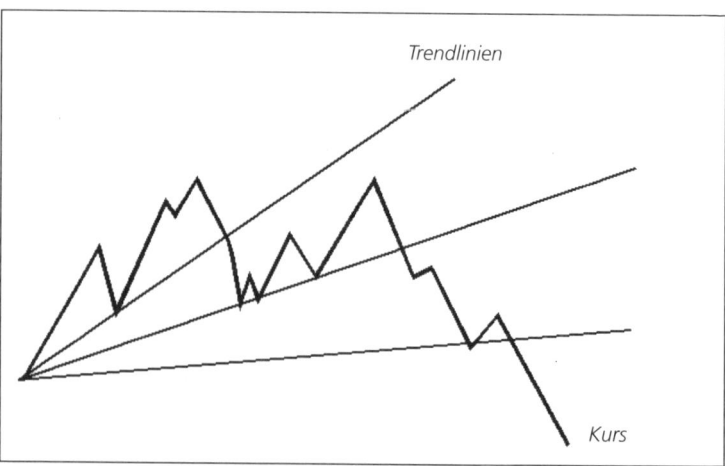

Trendlinien

Kurs

Die Fächerformation erhält man, indem man vom Ausgangspunkt drei Trendlinien nach oben zeichnet, die fächerförmig auseinander laufen. Durchbricht nun der Kurs die dritte Trendlinie nach unten, so signalisiert dies in der Regel einen weiteren Kursverlust.

*Kopf-Schulter-Top*

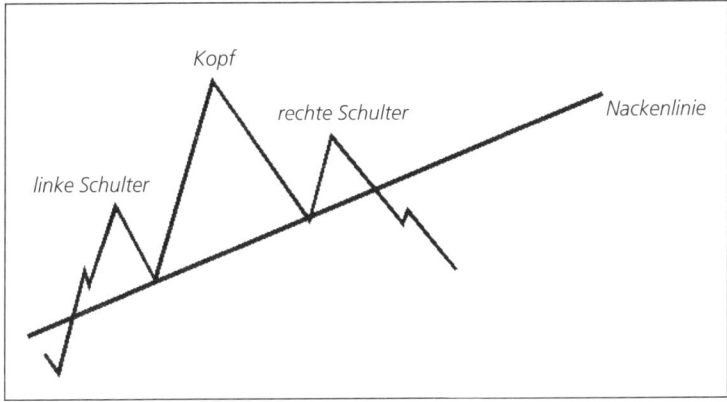

Diese Chartformation, die Kopf-Schulter-Top-Formation, kündigt einen Trendwechsel an. Sobald sich die rechte Schulter geformt hat und das Bild komplett ist, kann diese Formation in der Regel als Verkaufssignal gewertet werden. Wichtig hierbei ist jedoch, dass die Nackenlinie nach unten durchbrochen wurde.

**Aktienanalyse**

*Gestürzter Becher*

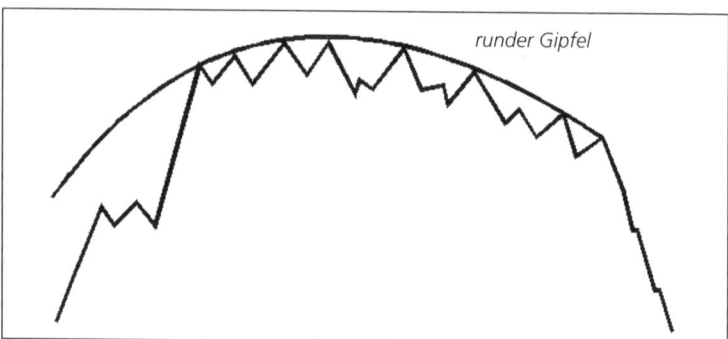

runder Gipfel

Eine weitere Chartformation ist der gestürzte Becher. Dieser langsam fortschreitende Trendwechsel kündigt einen stärkeren Kursrückgang an. Die Kursspitze stellt sich hierbei als ein runder Gipfel dar. Danach gehen die Kurse weiter auf Talfahrt.

## Charttechnische Signale für stagnierende Kurse

*Rechteck*

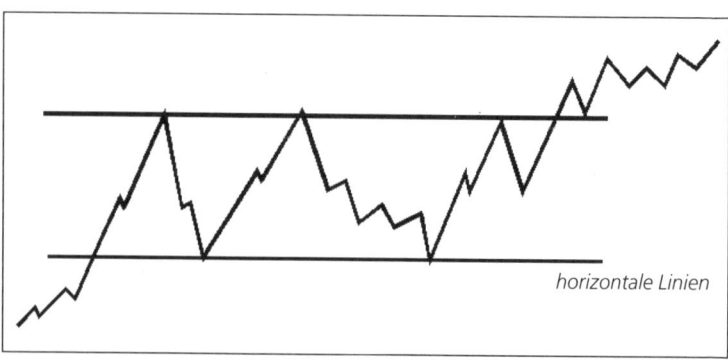

horizontale Linien

Diese Formation, die Rechteckformation, deutet auf einen neutralen Kursverlauf hin. Diese Rechteckformation wird auch als horizontaler Trendkanal bezeichnet. Erst wenn die obere Trendlinie durchbrochen wurde, ist ersichtlich, ob es sich um eine neutrale oder eine Umkehrformation handelt.

*Wimpel*

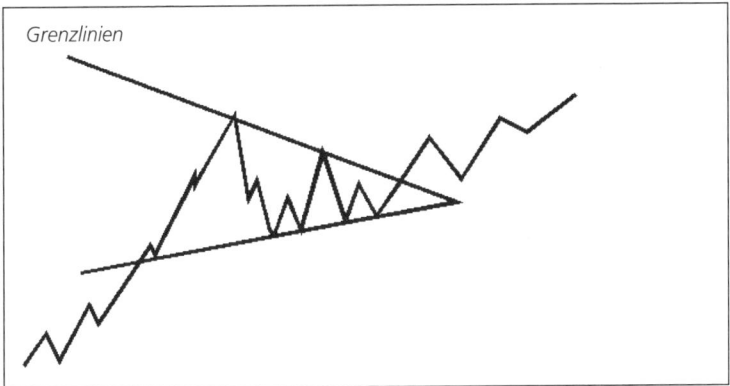

Die oberen und unteren Grenzlinien laufen bei dieser Chartformation aufeinander zu. Erst kurz vor dem Schnittpunkt dieser beiden Linien durchbricht der Kurs den Widerstand und setzt seinen bisherigen Trend fort.

*Diamant*

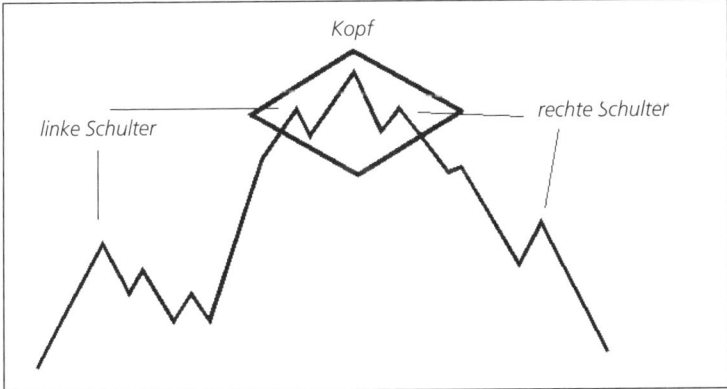

**Aktienanalyse**

Diese Formation ist nicht eindeutig erklärbar. Sie kann eine Trendfortsetzung, aber auch eine Trendumkehr hervorrufen. In diesem Kursverlauf sind zwei Schulter-Kopf-Schulter-Formationen mit V-förmigen Grenzlinien erkennbar.

**Put/Call-Verhältnis**

Das Put/Call-Verhältnis ist ein typischer markttechnischer Indikator zur Bestimmung der aktuellen Börsentendenz. Es signalisiert den Trend derart, dass es die Optimismus/Pessimismus-Relation der Marktteilnehmer in einer Zahl ausdrückt. Das ist das Resultat aus folgender Verhältnismäßigkeit:

Anleger, die auf steigende Kurse spekulieren, kaufen Kaufoptionen. Anleger, die auf sinkende Kurse spekulieren, kaufen dann entsprechend Verkaufsoptionen. Wenn nun die pessimistische Meinung überwiegt, dann haben meistens Anleger ihre Aktienbestände bereits verkauft. Wenn nun die ersten Käufe einsetzen, dann steigen die Kurse schnell an, da nun kaum einer noch verkaufen kann, folglich steigt der Kurs. Wenn die Mehrheit optimistisch ist, dann haben die meisten Anleger auch schon ihre Aktienpositionen aufgebaut. Folglich bleiben bald die Anschlussorder aus, und die Kurse fallen. Das bedeutet also, dass das Put/Call-Verhältnis einen typischen Kontraindikator für die Marktentwickung darstellt.

**Elliott-Wellen**

Die Theorie der Elliott-Wellen stammt aus den 30er Jahren. Benannt wurden sie nach dem Amerikaner Ralph Nelson Elliott. Er erkannte, dass sich der Aktienmarkt immer in fünf Schritten bewegt. Nach drei Aufwärtsbewegungen folgen immer zwei Korrekturwellen. Danach ist ein so genannter Zyklus abgeschlossen, und ein neuer Zyklus beginnt. Diese Wellen werden auch heute noch benutzt, mit mehr oder weniger Erfolg.

# Zukunftsaussichten ausgewählter Boom-Branchen

# 7

# Die Welt ist im Umbruch ...

Die Technologisierung der Weltwirtschaft schreitet in immer schnelleren Zyklen voran. Die Menschen werden immer älter, neue revolutionäre Medikamente überschwemmen den Markt. Neue Arbeitsplätze in diesen Bereichen entstehen, andere werden zwangsläufig verschwinden. Unternehmen, die heute Marktführer sind, könnten schon morgen in der Bedeutungslosigkeit verschwunden sein, kleine dagegen die Marktführer von morgen sein. Diesen Wandel gilt es in seiner Anlageentscheidung zu berücksichtigen.

Dieser Wandel, weg von der konservativen Lebensweise und hin zur technologisierten, bietet enorme Chancen. So verändert sich das weltweite Konsum- und Kommunikationsverhalten grundlegend, so dass mit einer hohen Umsatz- und Gewinndynamik in der Informationstechnologie, der Telekommunikation und der Biotechnologie zu rechnen ist.

Mobile Rechner und neue nutzerorientierte Software erfreuen sich immer stärkerer Nachfrage. Schätzungen belegen, dass sich der Verkauf von Mobilrechnern bis zum Jahr 2003 nahezu verdreifachen wird.

Automatisierungsprozesse werden stark voranschreiten und zu einer völlig neuen Lebens- und Arbeitsweise führen. Neue, noch leichter zu bedienende Software wird der Softwarebranche einen neuen Wachstumsschub verleihen.

Neue Medikamente werden den Traum von der Bekämpfung bisher unheilbarer Krankheiten erfüllen.

Das Internet, als Kommunikations- und Informationszentrum Nummer 1, wird durch die weiter stark steigende Akzeptanz in Unternehmen und in Privathaushalten neue Distributionswege beschreiten. Es werden neue Märkte für Shopping und Dienstleistungen entstehen, von Werbung ganz zu schweigen. Dieses Wachstumspotential scheint schier unendlich.

Die Vergangenheit hat gezeigt, dass die Informationsmenge und der Informationsfluss in zunehmendem Maße immer schneller wird.

Es ist damit zu rechnen, dass diese Entwicklung sich noch beschleunigen wird.

War es in der Vergangenheit die Automobilindustrie, die für Wachstum und Wohlstand stand, so werden es in Zukunft die neuen Technologiebranchen wie Informationstechnologie, Biotechnologie, Telekommunikation und Umwelttechnologie sein.

Um diese Gesamtheit der neuen Technologieformen in seiner Anlageentscheidung zu berücksichtigen, ist es notwendig, die gesamte Wertschöpfungskette in seinem Depot abzubilden. Die Wertschöpfungskette gliedert sich hierbei zum einen in die Sektoren:

- Halbleiter
- Hardware
- Netzwerke
- Software
- Consulting
- Internet
- Telekommunikation

Und zum anderen in die Sektoren:

- Biotechnologie
- Pharmazeutik
- Medizintechnik

Um die einzelnen Sektoren zukunftsweisend abzudecken, ist es notwendig, zwei Haupteigenschaften von Unternehmen zu berücksichtigen: Marktführerschaft und Technologieführerschaft.

Dieser Sachverhalt lässt sich ganz einfach begründen: Das Setzen von industriellen Standards und damit das überdurchschnittliche Wachstum eines Unternehmens lässt sich meist nur von einem Marktführer erreichen. Weiterhin besitzen nur Technologieführer die notwendige Innovationskraft und hohe Gewinnmargen. Zusätzlich bestimmen meist nur diese über einen technologischen Wandel.

## Zukunftsaussichten ausgewählter Boom-Branchen

Schaut man sich die Entwicklung einer neuen Technologie formal an, so erkennt man, dass die Verbreitung der neuen Technologien in vier Phasen abläuft.

- Phase 1: Innovationsphase

- Phase 2: Wachstumsphase

- Phase 3: Reifephase

- Phase 4: Stagnationsphase

Der Verlauf entspricht in etwa einer S-Kurve (siehe Grafik Seite 117).

In der Innovationsphase befinden sich derzeit Unternehmen aus den Branchen:

- Biotechnologie

- Umwelttechnologie

- Optische Technologie

Die Wachstumsphase beinhaltet zur Zeit Unternehmen aus den Bereichen:

- Informationstechnik

- Gesundheitswesen

Die Reifephase wird gebildet von Unternehmen aus den Bereichen

- Dienstleistung

- Handel

In der Stagnationsphase schließlich befinden sich die „alten" Industriebranchen wie:

- Schwerindustrie

- Elektroindustrie

- Chemie

- Stahl

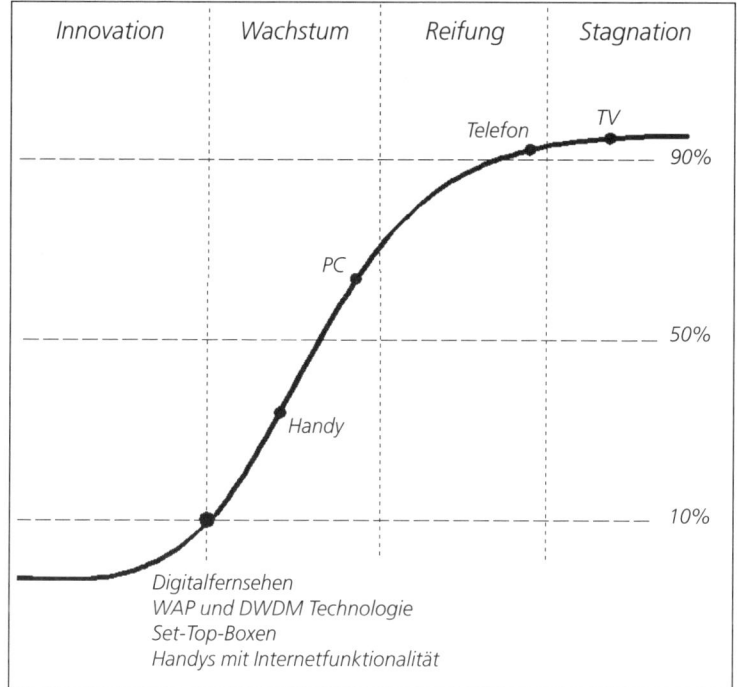

Aus dieser S-Kurve kann man eine erstaunliche Erkenntnis ziehen: Selbst wenn für eine Innovation die Möglichkeit besteht, dass sie zum Megatrend wird, verläuft ihr Wachstum in den ersten Jahren nur sehr langsam. Dies geschieht bis zu einem bestimmten Punkt. Dieser Punkt befindet sich etwa bei einer Marktdurchdringungsquote von 10 Prozent.

Sobald diese Quote erreicht ist, steigt die Wachstumsrate rasant an. Jeder will nun plötzlich von dieser Innovation bzw. dem daraus sich ergebenden Produkt profitieren.

**Praxis Tipp**

Als Faustregel kann man sagen, dass die Zeitspanne, die das Produkt brauchte, um die 10 Prozentmarke zu erreichen, gleich ist der Zeitspanne, die das Produkt braucht, um eine Marktdurchdringungsquote von 80 bis 90 Prozent zu erreichen.

**Beispiel:**

1994 betrug die Marktdurchdringungsquote bei Mobilfunkanschlüssen 10 Prozent. In den darauf folgenden Jahren begann ein regelrechter „Handyboom". Dieser hält bis heute an – er verstärkt sich sogar noch. Hätten Sie 1994 Aktien des Unternehmens Nokia erworben, so hätten Sie einen Gewinn von über 1000 Prozent verbuchen können.

Da die Marktdurchdringungsquote aber noch lange nicht die 80 bis 90 Prozentmarke erreicht hat, ist ein Ende des Mobilfunkbooms nicht abzusehen, zumal die Mobilfunkbranche an einer neuen Innovationsphase, dem internetfähigen Handy, steht.

Nähere Informationen über diesen Trend werden in einem der folgenden Abschnitte, insbesondere im Abschnitt Telekommunikation gegeben, siehe Seite 126.

# Informationstechnologie

In der sich verändernden Welt profitiert vor allem die Informationstechnologie. Starke Verbrauchernachfrage und die Notwendigkeit von Unternehmen, neue Technologien einzusetzen, um bessere Wirtschaftlichkeit zu erreichen, treiben diese Entwicklung voran.

Die Informationstechnologie gliedert sich in drei Bereiche:

- Hardware
- Software
- Internet

Die Hardwarebranche profitiert vom Siegeszug des Personalcomputers (PC). Computer werden immer schneller und leistungsfähiger. Die Nutzerzahlen steigen. Wurde früher der PC noch als bessere Schreibmaschine angesehen, so hat er heute einen festen Platz als Arbeitsmittel, Spielekonsole und Informationsmedium erkämpft. Hiervon profitieren vor allem Hersteller von Computerkomplettsystemen wie die Firma DELL Computer. Aber auch Halbleiterhersteller können von dieser Entwicklung profitieren. Die Globalisierung erfordert immer leistungsfähigere Computerchips, unterstützt durch die Verschmelzung von TV, Computer, Telefon und Internet. Jedes Gerät enthält Chips, welche immer kleiner und leistungsfähiger werden. Arbeitsabläufe verändern sich. Durch multimediale Nutzungsmöglichkeiten steigt die Anforderung an die Taktrate und die Festplattenkapazität ständig.

Die Nutzer verlangen bessere Software mit höherer Funktionalität. Daher können von dieser Entwicklung innovative Softwareunternehmen profitieren. Auch wird dieser Fortschritt durch die Entwicklung von Alternativen zur normalen Tastatureingabe vorangetrieben. Spracherkennungssoftware hat bereits heute einen gebrauchsfähigen Zustand erreicht. Schon heute ist es möglich, Briefe dem Computer zu diktieren.

Nur Firmen, die solche Schlüsseltechnologien beherrschen, haben die Aussicht, in der sich verändernden Welt zu bestehen.

Der wohl immer wichtiger werdende Sektor Internet revolutioniert das Kommunikationsverhalten. Neue Anwendungsmöglichkeiten entstehen. Seien es E-Mails, Chats, elektronischer Handel oder Informationsgewinnung, Multimedia boomt.

Die Datenmenge im Internet verdoppelt sich alle 100 Tage. Die Internetumsätze sollen in einigen Jahren auf dreistellige Milliardenbeträge anwachsen. Im Jahr 2005 sollen bereits eine Milliarde Menschen, also 1/6 der Gesamtbevölkerung, online sein. Es ist daher mehr als wahrscheinlich, dass das Internet die Wachstumsbranche des 21. Jahrhunderts wird. Die Informationstechnologie im Allgemeinen hat also das Potential, die Triebfeder der weiteren Entwicklung der Weltwirtschaft zu werden.

Im Folgendem werden sechs zukunftsträchtige Unternehmen aus den verschiedensten Informationstechnologiebereichen näher vorgestellt.

## CISCO SYSTEMS

Cisco Systems besitzt die Markt- und Technologieführerschaft im Bereich Networkinglösungen für das Internet. Das Unternehmen besitzt daraufhin die enorme Chance, seine Produkte in industrielle Standards zu verwandeln. Es nimmt damit an der Internet-Revolution teil.

Fast alle Informationen, die im Internet übertragen werden, werden über Cisco-Systeme geführt. Cisco ist führend in der DWDM-Technologie (Dense Wavelength Division Multiplexer). Mit ihr ist es möglich, das Licht in verschiedene Wellenlängen aufzuspalten und so die Kapazität bestehender Glasfaserleitungen drastisch zu erhöhen.

Nach Aussage des Unternehmenschefs sind Umsatz- und Gewinnsteigerungen von 30 Prozent und mehr für die nächsten fünf Jahre zu erwarten. Dabei wird das Unternehmen seine bisherige erfolgreiche Politik fortsetzen und durch neue Firmenübernahmen und ein steigendes Marktvolumen sein Wachstum beschleunigen. Im Geschäftsjahr 1998 waren dies 25 Firmenübernahmen.

Alleine im Geschäftsjahr 1998 erwirtschaftete Cisco einen Gewinn von 1,3 Milliarden US-Dollar bei einem Umsatz von 8,5 Milliarden US-Dollar. Dieses ist eine außergewöhnlich hohe Rendite. Es handelt sich hierbei also um ein äußerst profitables Unternehmen.

Cisco verfügt selbst über eine der weltgrößten Websites im elektronischen Handel. Alleine hier wurden über 64 Prozent der Bestellungen abgewickelt, weiterhin mehr als 70 Prozent aller Kundenanfragen.

Cisco sucht sich stets Partner für eine engere Zusammenarbeit. Im Geschäftsjahr 1998 wurde dabei die Zusammenarbeit mit führenden Firmen wie z. B. Microsoft, Hewlett-Packard, Sprint und EDS ausgebaut. Allianzen bestehen weiterhin zu Firmen wie KPMG, Peoplesoft, INS und US-West.

Weiterhin wurde der Markenname „CISCO" gut im Markt positioniert, was für weitere Steigungen spricht.

Hieran sieht man die enorme Gewinnchance, weshalb Cisco in keinem zukunftsträchtigen Depot fehlen sollte.

Der einzige Kritikpunkt, der besteht, ist das Personal. Es ist für jedes Unternehmen, welches in diesem Bereich tätig ist, schwer, qualifiziertes Fachpersonal zu bekommen.

## AOL

Amerika Online ist der größte Internetprovider der Welt. Er besitzt etwa 21 Millionen Mitglieder, Tendenz stark steigend.

Der Markenname AOL ist im Markt gut positioniert, so dass die Expansion noch beschleunigt wird. AOL ist der mit Abstand am schnellsten wachsende Internet- und Onlineprovider der Welt. Trotz steigender Gebühren wächst die Anzahl der Mitglieder stark. Weiterhin entwickelt sich ein zweites Standbein, nämlich die Werbeeinnahmen.

Auch die Übernahmen von Compuserve und Netscape dürften die Wachstumsaussichten noch verstärken.

AOL bietet Dienstleistungen wie Chat-Rooms, Shopping und E-Mail an.

Ein Engagement in diesem Titel dürfte sich langfristig lohnen.

## DELL COMPUTER

Die Firma Dell Computer wurde 1984 von Michael Dell gegründet. Das Ziel war es, einen Direktvertrieb von PCs zu erstellen. Der Unternehmenssitz ist Round Rock in der Nähe von Austin, Texas.

Heute ist Dell der führende Direktanbieter von PCs weltweit. Die Firma beschäftigt zur Zeit ca. 16.000 Mitarbeiter und gehört somit zu den Global Playern im PC Geschäft.

## Zukunftsaussichten ausgewählter Boom-Branchen

Dell ist die Nummer 3 der weltweit tätigen Computerhersteller. Dabei weist Dell das größte Wachstum auf.

In den USA ist Dell sogar die Nummer 1 unter den Computerherstellern. Dell gehört zu den führenden Anbietern von Computern für Unternehmen, Behörden und Bildungseinrichtungen.

Zwei Drittel des Umsatzes wickelt Dell mit diesen ab. Dies ist insofern wichtig, da die Gewinnmargen im Unternehmensbereich meist höher sind als im Privatkundengeschäft.

Der Verkauf von Computern findet ausschließlich per Telefon und Internet statt, wobei das Internet eine stark steigende Wachstumsrate aufweist. Die Vorteile hiervon sind, dass bei diesem Verkaufskonzept sämtliche Wiederverkäufer, Händler und sonstige kostspieligen Zwischenschritte entfallen. Weiterhin weicht das herkömmliche Fertigungs- und Vertriebssystem einem effizienteren. Bei diesem System entstehen fast keine Lagerhaltungskosten. Daher ist Dell auch nicht vom Preisverfall der Computerteile bedroht, da sie ja nur Computerteile für ca. eine Woche vorrätig haben. Deswegen ist auch immer die neuste Technik zum niedrigen Preis in relativ kurzer Zeit verfügbar.

Die Herstellung der Computer erfolgt kundenindividuell nach Bestelleingang. Deshalb wendet sich Dell auch an eine Kundengruppe, die „weiß was sie will", jedoch kommt auch die Beratung per Telefon nicht zu kurz.

Gründe für das Wachstum:

Von Software- und Hardwareherstellern wie Microsoft und Intel werden immer neuere Innovationen vorgestellt, welche an die Systemleistung höhere Anforderungen stellen. So werden immer leistungsfähigere Computer benötigt. Dieser Trend wird durch den kontinuierlichen Generationswechsel bei Prozessoren noch verstärkt.

Auch die sinkenden Kosten der PC-Systeme fallen ins Gewicht. Je billiger der PC-Einsatz ist, desto größer ist das Stückzahlenpotential für die Zukunft. Dieses Stückzahlenwachstum wird in den nächsten Jahren auf 15 bis 20 Prozent geschätzt. Dell besitzt aber Chancen, dass sich der starke Aufwärtstrend der vergangenen Jahre weiterhin fortsetzt. In dieser Zeit ist Dell immer wesentlich stärker gewachsen als der Gesamtmarkt.

Das erklärte Ziel von Dell ist es, um ein Vielfaches der branchenüblichen Wachstumsrate zu wachsen.

Auch das Internet wird das Wachstum unterstützen. Alleine 800.000 Besucher verzeichnet zur Zeit die Internetseite von Dell in der Woche. Auf diese Weise werden heute schon ca. 5 Millionen US-Dollar umgesetzt, Tendenz stark steigend. Langfristig kann der Umsatzanteil des Internets die 50 Prozentmarke überschreiten.

Dass sich das Investment in dieses Unternehmen gelohnt hätte und sicher auch noch lohnen wird, zeigt folgendes Beispiel.

**Beispiel:**

Wenn ein Anleger am 22. 6. 1988 zum Preis von 8,50 US-Dollar eine Aktie erworben hätte, so hätte er am 6. 3. 1998 sage und schreibe 1662 US-Dollar sein Eigen nennen können.

Die Dell Aktie ist also ein Investment in einen klassischen Wachstumsmarkt, welcher in der Zukunft bestimmt viel Freude bereiten wird.

## VITESSE SEMICONDUCTOR

Vitesse ist Marktführer im Bereich Gigabit-Schaltkreise. Diese ermöglichen Übertragungsraten von bis zu 10 Gb/s.

Dabei hat Vitesse einen ansehnlichen Kundenstamm. Zu den Kunden zählen Unternehmen wie Ericson, Alcatel Alsthom, Lucent Technologies und Schlumberger.

Der Name Vitesse stammt aus dem Französischen und bedeutet Geschwindigkeit.

Das Unternehmen stellt, wie schon erwähnt, schnelle integrierte Schaltkreise für hohe Bandbreiten und hohe Geschwindigkeiten her. Diese werden in Kommunikationssystemen eingesetzt. Die meisten weltumspannenden Telekommunikationssysteme nutzen deshalb

Chips von Vitesse. Daher kann Vitesse an dem weiteren Ausbau der internationalen Kommunikationswege partizipieren. Vitesse spielt daher eine entscheidende Rolle im Aufbau eines Superhighways.

Ein weiterer Faktor außer der Technologieführerschaft ist die extreme Kosteneffizienz des Unternehmens. Durch das rasante Wachstum des Internets werden höhere Bandbreiten im internationalen Datenverkehr notwendig. Auch von dieser Entwicklung profitiert der Einsatz von Vitesse-Chips.

Die Aktie befindet sich weiterhin in einem Aufwärtstrend. Die Wachstumsraten für das Unternehmen werden auf 40 bis 50 Prozent pro Jahr für die nächsten fünf Jahre geschätzt. Bei dieser Aktie handelt es sich um eine sehr spekulative Aktie, deshalb sollte der Depotanteil auf maximal 5 Prozent beschränkt werden.

Die Aktie wird in Deutschland an der Börse Berlin gehandelt. Jedoch ist der Umsatz sehr schwach, weshalb man hier streng limitieren sollte. Bei größeren Summen empfiehlt sich daher der Kauf an der Heimatbörse NASDAQ.

## SER SYSTEME

Das Unternehmen SER SYSTEME AG zählt unter Fachleuten als kleine SAP. Es glänzt durch zahlreiche Unternehmenszukäufe und bietet langfristig hervorragende Aussichten.

SER hat zwei Haupttätigkeitsfelder. Es stellt Dokumenten-Management-Systeme (DMS) und Standardsoftware für Vermögensverwaltungen her. Dabei beträgt der Anteil der DMS 85 Prozent vom Umsatz und 15 Prozent bei Vermögensverwaltungssoftware.

Die Aussichten in diesen Geschäftsfeldern sind hervorragend. Experten schätzen, dass der Markt für Dokumenten-Management-Software erst zu 2 bis 3 Prozent erschlossen ist, so dass sich daraus weit reichende Wachstumschancen herleiten lassen.

Studien belegen, dass die deutsche Wirtschaft jährlich einen Betrag von rund 200 Milliarden DM für Papierarchive ausgibt. Dies ist Verschwendung pur, so dass hieraus in absehbarer Zeit ein viel versprechender Markt heranwachsen wird.

Weiterhin wird geschätzt, dass ca. 15 Prozent der Arbeitszeit für die Bewältigung der täglichen Papierflut aufgewendet wird. SER hat damit die Chance, weltweiter Marktführer in diesem Bereich zu werden.

Das Unternehmen wurde 1984 gegründet und beschäftigt heute ca. 850 Mitarbeiter. Es hat seinen Firmensitz in Neustadt/Wied und ist größter Lieferant und Hersteller von DMS und Workflow-Systemen. Das Unternehmen gliedert sich in mehrere Tochterunternehmen:

- DOROTECH (Frankreich)
- PAFEC (Großbritannien)
- DoxSys (USA)
- SER Österreich GmbH

DOROTECH ist führender Anbieter von DMS, Cold und Datensicherungslösungen. Es hat einen Marktanteil von ca. 20 Prozent und beschäftigt 120 Mitarbeiter. Zu den Kunden zählen neben Banken und Telekommunikationsunternehmen auch öffentliche Bereiche.

DoxSys beschäftigt 50 Mitarbeiter und realisiert Workflow-Lösungen im Bereich der US-Regierungsbehörden. Es hat hierbei einen Marktanteil von über 50 Prozent.

PAFEC ist spezialisiert auf den technischen DMS-Bereich und auf grafische Informationssysteme, welche vor allem im Bereich von Rettungsdiensten wie Polizei, Feuerwehr oder Werkschutz eingesetzt werden.

Es beschäftigt dabei 110 Mitarbeiter.

Diese Tätigkeitsbereiche sollten für mehrere Jahre hinaus das Wachstum sichern, so dass ein langfristiges Investment in diesen Wert sich lohnen könnte.

## MICROSOFT

Microsoft wurde 1975 gegründet und hat sich seit dieser Zeit zum Marktführer bei Applikationssoftware für Personalcomputer entwickelt. Das Unternehmen entwickelt Software sowohl für Unternehmen, als auch für Heimanwender. Fast jeder Computerbesitzer nutzt Software von Microsoft. Damit kann das Unternehmen vom wachsenden Computermarkt profitieren. Microsoft besitzt weiterhin eine riesige Marktmacht. Dies begründet sich vor allem aus den hervorragend im Markt positionierten Marken wie Windows, Word, Excel oder Access.

Dabei glänzt Microsoft durch seine umfangreiche Produktpalette. Sie beinhalten u. a. Betriebssysteme, Officeanwendungen für Unternehmen und Privatleute, Spiele, Lernsoftware und vor allem Entwicklungswerkzeuge.

Microsoft erweitert seine Produktpalette ständig, so dass auch weiterhin überdurchschnittliche Wachstumsraten möglich sind. Weiterhin profitiert das Unternehmen von der Weiterentwicklung bestehender Produkte, welche durch so genannte Updates weiterhin Geld in die Kasse spülen.

Auch die weltweiten und hervorragend organisierten Vertriebskanäle sorgen für eine stetige Verbreitung der Produkte.

Seit einiger Zeit versucht Microsoft im Internetgeschäft Fuß zu fassen. Sollten diese Bemühungen erfolgreich enden, so könnte eine weitere Wachstumswelle in Gang gesetzt werden. Microsoft könnte so von der Erschließung des Massenmarktes für Internetanwendungen stark partizipieren.

Da der Computermarkt auch in Zukunft hohe Wachstumsraten vermuten lässt, sollte der Wert in keinem langfristigen Wachstumsdepot fehlen.

# Telekommunikation

Die Zeit schreitet voran, die Technologisierung der Industrie und der Bevölkerung nimmt zu. Dies ändert das Kommunikationsverhalten der Gesellschaft nachhaltig. Telekommunikation liegt im Trend der Zeit.

Dies zeigt sich darin, dass in den letzten Jahren diese Branche zu den stärksten Performern gehörte. Die Nachfrage nach Produkten und Dienstleistungen steigt ständig. Das Umsatzwachstum dieser Branche liegt bei 10 Prozent pro Jahr. Die Weltwirtschaft dagegen wächst 1999 nur um 2,5 Prozent. Das bedeutet: Die Telekommunikationsbranche wächst dreimal schneller als der Gesamtmarkt. Durch Privatisierungen und durch die Deregulierung der Telefonmärkte wird dieser Prozess noch beschleunigt.

Die Telekommunikationsbranche unterteilt sich in drei Gruppen:

- Mobilfunk
- Datenübertragung
- Festnetz

1991 telefonierten weltweit ca. 16 Millionen Menschen mobil, 1997 waren es bereits 200 Millionen. Im Jahre 1999 waren es schon 350 Millionen Menschen. Experten schätzen, dass im Jahre 2002 über 1 Milliarde Menschen mobil telefonieren werden.

Der Umsatz der Mobilfunkanbieter wächst jährlich um etwa 25 Prozent. Das Handy wird bald so selbstverständlich sein wie eine Armbanduhr. Es werden ständig neue und leistungsfähigere Mobiltelefone entwickelt, mit denen es beispielsweise möglich ist,

- im Internet zu surfen
- Bilder zu senden und zu empfangen
- E-Mails zu senden
- Bankgeschäfte zu erledigen
- Börseninformationen abzurufen

Dies alles soll durch eine neue Technologie namens WAP (Wireless Application Protocol) ermöglicht werden. Die Telefongesellschaften sind derzeit damit beschäftigt, ihre Netze dementsprechend anzupassen und aufzurüsten. Die ersten Schritte auf dem Weg dahin sollen schon Anfang 2000 erfolgen.

Dies sollte der ganzen Mobilfunkbranche einen kräftigen Umsatzschub geben. Experten schätzen, dass es in einigen Jahren mehr Mobilfunkanschlüsse als Festnetzanschlüsse gibt. Festnetzanschlüsse werden dann überflüssig.

## Zukunftsaussichten ausgewählter Boom-Branchen

Dieser Sachverhalt zeigt sich z. B. in dem neuen Produkt der Firma VIAG Interkom. Sie stellt dem Kunden ein Handy zu Verfügung, welches den Festnetzanschluss überflüssig machen soll. Hält sich der Kunde zu Hause auf, so kann er mit dem Handy zu Festnetzkonditionen telefonieren. Entfernt er sich mehr als 500 Meter von seiner Wohnung, so fungiert das Telefon als Mobiltelefon, zu den dann teureren Tarifen.

Erreichbar ist er dabei unter zwei verschiedenen Telefonnummern:

I.   unter seiner Mobilfunknummer,

II.   unter einer normalen Festnetznummer.

Dieses revolutionäre Produkt ist also eine echte Alternative für Kunden ohne Internetanschluß. Wenn demnächst der UMTS-Standard eingeführt wird, kann auch ein Kunde mit Internetanschluß getrost seinen Festnetzanschluß kündigen, da dann die Übertragungsbandbreite geschaffen ist, die dem heute verfügbaren ISDN in nichts nachsteht.

Spätestens dann bricht der Markt für Festnetzanschlüsse weg, und die Deutsche Telekom hat dann beispielsweise das Nachsehen.

Die Gruppe Datenübertragung in der obigen Klassifikation ist das zweite wachstumsträchtige Standbein der Telefonbranche. Das Wachstum des Umsatzes beträgt hier über 30 Prozent pro Jahr. Gestützt wird das Wachstum vor allem durch das rasant steigende Internetgeschäft.

Nachfolgend werden drei aussichtsreiche Unternehmen aus der Telekommunikationsbranche vorgestellt, deren Wachstumschancen ein Investment lohnen lassen.

## NOKIA

Das finnische Unternehmen Nokia ist der Weltmarktführer im Bereich Mobiltelefone und in der Errichtung von Mobilfunkinfrastrukturen. Weiterhin ist es führender Anbieter von Multimediageräten und Computermonitoren. Seine Innovationsführerschaft spricht für ein anhaltendes Wachstum. Auch die Einführung neuer

Handymodelle und die starke Positionierung in den Emerging Markets trägt zu diesem Wachstum bei.

Nokia ist die Lokomotive der finnischen Industrie. Das Unternehmen erwirtschaftet 25 Prozent des finnischen Bruttoinlandsproduktes. Es besitzt Tochterunternehmen in 130 Ländern und beschäftigt 44.000 Mitarbeiter.

Nokia, als Hersteller von Handys, profitiert doppelt von diesem Wachstum. So partizipiert Nokia zum einen vom Neukundengeschäft und zum anderen vom Ersatzgeschäft. Studien zeigen, dass Handynutzer alle fünf Jahre ein neues Handy benötigen.

Nokia wird von diesem Wandel des Kommunikationsverhaltens demnach stark profitieren. Dies wird auch von der Einführung neuer Modelle wie dem Communicator 9000 mit Telefon und elektronischem Terminplaner und E-Mail unterstützt.

Im Jahre 2000 wird das Wachstum einen weiteren Schub bekommen. Dann wird nämlich der neue Mobilfunkstandard UMTS eingeführt, welcher nun wesentlich höhere Datenübertragungsraten ermöglicht. Dann wird es möglich sein, Bilder und Videos per Handy zu übertragen.

## MCI WORLDCOM

Ein weiteres zukunftsträchtiges Unternehmen ist MCI Worldcom. Es profitiert von der Privatisierung staatlicher Gesellschaften und von der Deregulierung der Telekommunikationsmärkte. Dies bietet die einmalige Chance, international zu expandieren.

Einen weiteren Wachstumsmotor stellt der globale Internet-Daten-Verkehr dar. Dieser wächst in gewaltigen Raten von Jahr zu Jahr.

MCI Worldcom besitzt die Chance, an dieser Entwicklung zu partizieren. Das Unternehmen stützt seinen Erfolg auf die internationalen Glasfaser-Telekommunikationsnetzwerke.

MCI Worldcom, welches früher LDDS Communication hieß, wächst mit atemberaubender Geschwindigkeit. Vor allem durch spektakuläre Übernahmen machte das Unternehmen Furore. Zuletzt übernahm Worldcom den Telekommunikationsriesen MCI, immerhin die zweitgrößte Telefongesellschaft im Ferngesprächsmarkt in den USA.

Daraus entstand dann die heutige Firma MCI Worldcom.

Der Umsatz kletterte von 1,1 Milliarden US-Dollar 1993 bis auf schätzungsweise 14 Milliarden US-Dollar im Jahre 1999.

Weiteres Potential entsteht aus den Synergieeffekten der letzten Fusion. Dieser zusätzliche Ertrag wird auf 2,5 Milliarden US-Dollar im Jahre 1999 geschätzt.

Er könnte jedoch noch weiter steigen. MCI Worldcom hat demnach die Chance, die Nummer 1 der Telefongesellschaften zu werden.

Weiteres Ertragspotential ergibt sich durch das Internetgeschäft von MCI Worldcom. Die Tochtergesellschaft UUNet, ein so genannter Internet Service Provider, trägt heute bereits bis zu 15 Prozent zum Umsatz bei. Dieser Anteil könnte in den nächsten Jahren weiter ansteigen.

MCI Worldcom ist damit hervorragend im Markt positioniert, zumal MCI Worldcom Marktführer im Bereich Internet Backbone ist. Backbones stellen hierbei die Verbindungsadern über große Strecken dar.

## LUCENT TECHNOLOGIES

Lucent Technologies ist ein Ableger des US-Telekommunikationsriesen AT&T. Er ist der führende Telekommunikationsausrüster in den Vereinigten Staaten.

Seine Entwicklungsschmiede Bell Labs forscht kontinuierlich, um das Wachstum des Unternehmens weiterhin zu ermöglichen. Alleine 1997 erhielt Lucent 809 Patente. Dies sind drei Patente pro Arbeitstag, was die hohe Qualität dieses Unternehmens verdeutlicht.

Die neuste Entwicklung ist ein System, mit dem man den gesamten Sprach-, Video- und Datenverkehr steuern kann. Es ist nun möglich, über 6 Millionen Gespräche gleichzeitig zu vermitteln.

Jedoch ist dies nicht das einzige Geschäftsfeld, in dem Lucent tätig ist. Lucent beschäftigt sich auch mit dem Telefonieren über das Internet.

Weiterhin ist Lucent Technologieführer im Bereich Netzwerkprodukte. So stellt Lucent so genannte DSL (Digital Subscriber Line Chip Set) her. Diese erlauben den Datentransfer über das Telefonnetz mit einer atemberaubenden Geschwindigkeit. So ist diese Technik ca. 30-mal schneller als die heutige ISDN-Technik.

Dass diese Technik sich durchsetzt, zeigt auch, dass die Deutsche Telekom nun beginnt, DSL-Netze in den Großstädten zu errichten. Diese sollen dann später die herkömmliche ISDN-Technik ablösen. Alleine durch diesen Bereich eröffnen sich für die Zukunft glänzende Wachstumsperspektiven.

Ein weiterer Zukunftsfaktor ist der Bereich der Glasfasertechnik. Hier ist Lucent Weltrekordhalter. Lucent ist es kürzlich gelungen, über eine einzige Glasfaser über 400 Gigabits pro Sekunde zu übertragen. Lucent wird deshalb von dem Ausbau der Kommunikationswege übermäßig stark partizipieren.

Ein weiterer Punkt, der für ein Investment in diesem Wert spricht, ist die internationale Expansion des Unternehmens. Lucent baut seine Marktstellung kontinuierlich durch Übernahmen von Unternehmen aus. Auch hieraus sind weitere Umsatz- und Gewinnsteigerungen abzuleiten.

Lucent Technologie unterteilt sich hierbei in mehrere Schichten:

- Systeme für Network Operators: Lucent entwickelt und produziert Netzwerksysteme und Software für Kommunikations-Service-Provider und für weltweite, kabellose Kommunikationssysteme.

- Geschäftskommunikationssysteme: Lucent entwickelt und produziert erweiterte Sprach- und Multimedia Systeme. Das Unternehmen ist darin Marktführer in den USA. Weiterhin ist es Markt- und Technologieführer im Bereich Call Center. Diese gewinnen gerade in der heutigen Zeit immer mehr an Bedeutung. Zusätzlich ist Lucent auch globaler Marktführer in SYSTIMAX Netzwerksystemen. Auch dieser Bereich wird für das weitere Wachstum des Unternehmens sorgen.

- Microelektronik: Lucent entwickelt und produziert integrierte Schaltkreise, optoelektronische Komponenten, DSPs, ASICs (Application Spezific Integrated Circuits) und Laser-Module.

Das Unternehmen beschäftigt derzeit etwa 130.000 Mitarbeiter bei einem Umsatz von 26,4 Milliarden US-Dollar 1997. Lucent Technologies ist folglich ein reiner Wachstumswert, der genauso wie CISCO SYSTEMS ständig in ein wachstumsorientiertes Depot gehört.

# Biotechnologie

Eine der wohl zukunftsträchtigsten Branchen überhaupt ist die Biotechnologie. Die Menschen werden immer älter. Dies liegt zum einen an den verbesserten Arbeits- und Lebensbedingungen und zum anderen an dem medizinischen Fortschritt. Dieser medizinische Fortschritt wird angetrieben von der Biotechnologiebranche, die mit immer neuen innovativen Medikamenten den Markt erobert. Lag der Anteil der biotechnologisch generierten Medikamentenneuzulassungen 1985 gerade bei 3 Prozent, so liegt er nach Expertenschätzungen im Jahre 2002 schon bei über 47 Prozent.

Den Anfang der Entwicklung machte die erste synthetische Herstellung von Insulin im Jahre 1978. Seitdem ist es den an Diabetes erkrankten Menschen möglich, ein fast normales Leben zu führen. Seit diesem Erfolg ist die Biotechnologie auf dem Vormarsch.

Die Biotechnologiebranche ist eine junge Branche, jedoch gibt es neben den zahlreichen jungen Firmen auch etabliertere Firmen.

Als die 1981 gegründete Firma AMGEN 1989 das Medikament „Epogen" auf den Markt brachte, revolutionierte sie den Markt der Dialyse. Mussten Dialysepatienten früher ständig Bluttransfusionen erhalten, so werden sie heute statt dessen mit dem Medikament „Epogen" behandelt. Bluttransfusionen bei dieser Patientengruppe gehören seitdem der Vergangenheit an. Dieser einzigartige Erfolg der Firma AMGEN schlug sich auch im Aktienkurs nieder. Der Kurs stieg in der Zeit von 1983 bis 1998 um das 176fache.

Wie man sieht, können Biotechnologiewerte durchaus eine „ansehnliche" Rendite erzielen. Doch leider ist die Branche mit erheblichen Risiken behaftet. Die Branche lebt von jungen und hochspezialisierten Firmen, die sich jeweils nur auf wenige Medikamente konzentrieren. So sind bei negativen Forschungsergebnissen oder beim unerwarteten Auftreten von Nebenwirkungen starke Kursverluste zu befürchten. In diesem Zusammenhang sei darauf hingewiesen, dass die Biotechnologiebranche von neuen Produkten lebt. Die Entwicklung kostet viel Geld und kann im Einzelfall schon mal einen Entwicklungszeitraum von zehn Jahren mit sich ziehen.

Nach der Erforschung und Entwicklung folgen dann noch klinische Tests, welche in drei Phasen durchgeführt werden. Dann folgt das strenge Zulassungsverfahren von den Gesundheitsbehörden. Erst wenn diese Hürden genommen sind, kann sich der Erfolg einstellen.

Viele der heutigen Firmen haben jetzt, nach jahrelanger Arbeit, erste Erfolge zu verzeichnen und können nun die Früchte ihrer Arbeit ernten.

Das Ziel ist es nun, diejenigen Firmen herauszupicken, welche das Zeug haben, in einiger Zeit Gewinne zu erwirtschaften.

Um dieses Ziel zu erreichen, ist es erforderlich, den Bedarf an Medikamenten zu analysieren. Dabei teilt sich der Markt im Allgemeinen in drei Felder:

- Medikamente zur Behandlung von Krankheiten
- „Life Science"
- Ernährung

Zur ersten Gruppe gehören Medikamente zur Behandlung von bisher unheilbaren bzw. unbehandelbaren Krankheiten. Beispielsweise wurden bei Grippekranken stets nur die Symptome und Begleiterscheinungen behandelt, nicht aber die Ursache selbst, denn ein Medikament gegen Grippe gab es nicht. Jetzt gibt es sogar zwei Medikamente, die die Grippe an der Wurzel bekämpfen: „Tamiflu" von Gilead Science und „Relenza" von Glaxo Wellcome.

Weitere Hoffnung liegt aber auf der Entwicklung von Medikamenten gegen die Geißeln der Menschheit wie AIDS, Krebs, Rheuma etc. Viele Firmen forschen daran. Sollte es ihnen gelingen, so wird dies einen neuen Schub nach vorne für die gesamte Branche bringen.

Ein weiteres Forschungsgebiet ist die künstliche Herstellung von körpereigenen Stoffen, beispielsweise von Haut, die für Verbrennungsopfer vonnöten ist.

Der zur zweiten Gruppe der oben aufgeführten Klassifizierung gehörende Bereich wird vom ständig steigenden Gesundheitsbewusstsein der Bevölkerung unterstützt.

Gerade die Ernährung spielt in diesem Zusammenhang eine entscheidende Rolle. So verwundert es nicht, dass den Nahrungsmittelproduzenten Produkte mit gesundheitsfördernden Eigenschaften geradezu aus den Händen gerissen werden. Als Beispiel sei hierbei nur auf die so genannten probiotischen Joghurts verwiesen. Gesundheit ist das Schlüsselwort unserer Zeit, und dem versuchen die Biotechnologiefirmen Rechnung zu tragen.

Aber nicht nur Ernährung, sondern auch das Lebens- und Schönheitsideal der Gesellschaft bringt neuartige Medikamente hervor. Medikamente wie die Potenzpille „Viagra", das Haarwuchsmittel „Propecia" oder die Anti-Fett-Pille „Xenical" sind hierfür nur einige Beispiele.

Die dritte Gruppe der oben aufgeführten Klassifikation fällt in den globalen Bereich. Die Weltbevölkerung nimmt ständig zu. Das Welternährungsproblem verschärft sich. Die Biotechnologiefirmen versuchen nun durch genetische Veränderung von Pflanzen, dieses Problem zu lösen.

Pflanzen, welche immun gegen Krankheiten sind sowie einen hohen Ertrag bringen, sind der Traum eines jeden Wissenschaftlers. Dieser Traum ist zum Teil heute schon Wirklichkeit. Genmanipulierter Mais und genetisch veränderte Sojabohnen werden heute bereits weiträumig eingesetzt.

Nachfolgend werden nun zwei Firmen aus dem Biotechnologiegebiet vorgestellt, welche über eine interessante Produktpalette verfügen.

## QIAGEN

Qiagen ist ein typischer Wachstumswert. Qiagen ist im Bereich der Gen- und Biotechnologie tätig. Das Unternehmen ist ein weltweit führender Anbieter innovativer Technologien und Produkte für die Isolierung und Reinigung von Nukleinsäuren, welche zu den grundlegenden Regulierungsmolekülen des Lebens gehören.

Marktbeobachtungen zeigen, dass es ein signifikantes Potential für die Nutzung von Nukleinsäuren in einer Vielzahl von therapeutischen und diagnostischen Anwendungen gibt. Viele molekularbiologische Forschungen und kommerzielle Märkte benötigen ständig hochreine Nukleinsäuren. Diese Reinheit ist Voraussetzung für Experimente.

Qiagen ist Marktführer in diesem Bereich. Das Unternehmen weist zudem eine hohe Anzahl von Produkten und Patenten auf, so dass das langfristige Wachstum gesichert scheint.

Alleine im Zeitraum von Anfang 1994 bis Ende 1996 lag das jährliche Umsatzwachstum bei 49 Prozent. Das jährliche Gewinnwachstum in dieser Periode lag sogar bei 95 Prozent. Die Chancen stehen nicht schlecht, dass das Unternehmen sein Wachstum ungehindert fortsetzen kann. Deshalb sollte es in keinem spekulativen Depot fehlen.

## GILEAD SCIENCE

Gilead Science ist ein amerikanisches Biotechnologieunternehmen, welches eine Vielzahl von aussichtsreichen Medikamenten in der Phase III der klinischen Erforschung besitzt. Sollten diese Medikamente von der amerikanischen Gesundheitsbehörde FDA zugelassen werden, so sind Kurssteigerungen zu erwarten.

Dem vor kurzem zugelassenen Medikament gegen Grippe „Tamiflu" werden gute Marktchancen eingeräumt. Es wurde dabei in Kooperation mit dem schweizer Pharmagiganten Hoffmann LaRoche entwickelt. Es hemmt das vom Virus benötigte Enzym Neuraminidase, welches das Virus zur Replikation benötigt.

Weiterhin besitzt die Firma Medikamente gegen Hepatitis B und AIDS in der Erforschungsphase.

Gilead Science hat aber auch schon etablierte Medikamente auf dem Markt. Zu nennen wäre da zum einen ein Mittel gegen schwere Pilzerkrankungen, „AmBiosome", und zum anderen ein Mittel zur Bekämpfung von Krebs, „DaunoXome". Diese Medikamente generieren bereits hohe Umsätze. Weitere Umsatzsteigerungen sind abzusehen.

# Umwelttechnologie

Durch die zunehmende Industrialisierung in den Industrieländern, insbesondere aber in den Schwellenländern, sind große Gefahren für die Umwelt gegeben. Die Umweltverschmutzung und die Ausbeutung der Ressourcen der Erde nimmt ständig zu.

Rohstoffe werden zunehmend teurer und knapper. Vor allem das Rohöl neigt sich in etwa 20 Jahren dem Ende zu. Es ist also notwendig, Alternativen zu herkömmlichen Technologien zu entwickeln. Neue Treibstoffe zum Antrieb von Autos oder neue Technologien zur „sauberen" Gewinnung von Energie wie Solarstrom, Wasser- und Windenergie werden benötigt. In Deutschland werden in diesem Zusammenhang von den alternativen Verfahren vor allem Wasser- und Windkraftwerke eingesetzt. Ein Einsatz von Solarzellen zur Stromgewinnung dagegen ist in unserem „sonnenarmen" Gebiet wenig sinnvoll. Daher haben Firmen, die neuartige Technologien entwickeln, um das weltweite Energieproblem zu lösen, enormes Potential.

Dieses Potential wird auch von dem ständig steigenden Umweltbewusstsein der Bevölkerung unterstützt. Forderungen, die Verbrauchsdaten von Autos zu verbessern, sind nur ein Indiz hierfür.

Sogar weit reichendere Forderungen wie ein Drei-Liter-Auto konnten bereits realisiert werden. Volkswagen hat kürzlich das Auto „VW Lupo" vorgestellt, welches nur noch einen Verbrauch von durchschnittlich 2,99 Liter auf 100 km hat.

Das ist eine Entwicklung, die Umweltschützer nur begrüßen.

Aber nicht nur die Entwicklung von neuen umweltfreundlichen Produkten fällt in die Gruppe der Umwelttechnologie. Auch umweltfreundliche Produktionsverfahren gehören hierzu. Jedes Produktionsverfahren benötigt Rohstoffe, und diese sind knapp und teuer. Daher kann sich der effizientere Einsatz von Ressourcen positiv in der Bilanz niederschlagen. Es werden hierdurch entscheidende Wettbewerbsvorteile in Hinblick auf die Zukunft geschaffen. Es ist daher wichtig, das Unternehmen als „Ganzes" zu betrachten und nicht nur das Produkt, welches produziert wird.

Ein weiteres Argument für umweltfreundliche Technologien ist das Umweltbewusstsein der Bevölkerung. Aus Gewissensgründen werden „grüne" Produkte lieber gekauft als herkömmliche Produkte. Daher nutzen die Firmen ihre umweltfreundlichen Technologien als Prestigeobjekte und benutzen diese als Marketingargumente.

In dem Bereich der Umwelttechnologie tummeln sich eine Vielzahl von Unternehmen. Nicht alle sind seriös. Es existieren viele Firmen, die sich auf Kosten von gutmütigen und umweltbewussten Bürgern bereichern. Daher ist es gerade hier wichtig, vor einem Investment in „Ökoaktien" die Unternehmen genauestens zu analysieren.

Hat man die richtige Aktie erwischt, so kann man beachtliche Gewinne verbuchen.

**Beispiel:**

> Die Aktien von Dänemarks zweitgrößtem Produzenten von Windkraftwerken „Vestas Wind Systems" verzeichneten seit 1998 einen Gewinn von 210 Prozent.

Die Zukunft gehört eindeutig der Umwelttechnologie. Setzt diese sich nicht durch, so stehen die Chancen für ein weiteres weltweites Wachstum und einer sauberen und intakten Umwelt schlecht. Nur wenn dem Menschen die Lebensgrundlage nicht entzogen wird, ist eine goldene Zukunft der Menschheit gesichert.

## Zukunftsaussichten ausgewählter Boom-Branchen

Es bleibt zu hoffen, dass die Vernunft siegt und die Umwelt geschützt wird.

Nachfolgend wird ein interessantes Unternehmen vorgestellt, welches versucht, eine Alternative zu herkömmlichen benzinbetriebenen Autos zu bilden. Ein Investment dürfte sich langfristig auszahlen.


## BALLARD POWER SYSTEMS

Die kanadische Firma Ballard Power Systems wurde 1979 gegründet. Lag damals der Schwerpunkt noch in der Entwicklung von hocheffizienten Lithium-Batterien, so hat er sich in Richtung umweltfreundlicherer Technologien entwickelt.

1983 entwickelte die Firma die Brennstoffzelle PEM (Proton Exchange Membran). Seit 1997 ist sie Weltmarktführer in diesem Bereich. Diese Brennstoffzelle erzeugt aus Wasserstoff und der in der Luft enthaltenen Sauerstoffmenge elektrische Energie. Als Reaktionsprodukt entsteht dabei nur reines Wasser. Eine revolutionäre Technologie!

Die Brennstoffzellen werden in umweltfreundlichen Autos als Antriebsenergie verwendet. Es ist nun möglich, ein Auto mit Elektro-Motor quasi per Wasserstoff mit Energie zu versorgen. Dabei entsteht keinerlei Umweltverschmutzung.

Partnerunternehmen sind DaimlerChrysler und Ford Motors. Diese Technologie wird bereits in einigen Auto-Prototypen von Firmen wie General Motors, Nissan, Honda oder VW eingesetzt.

Sie ist eine echte Alternative zu herkömmlichen benzinbetriebenen Autos. Sollten die Autos in Serie gehen, so sind große Gewinne bei Ballard Power zu erwarten. Daher sollte gerade dieser Wert in keinem zukunftsträchtigen Depot fehlen.

# Strategien zum Erfolg

# 8

# Heiße Tipps für Ihren Aktienkauf

In diesem Abschnitt werden einige wichtige Regeln für den Kauf von Aktien dargelegt. Vorweg aber noch zwei Tipps für den richtigen Kaufzeitpunkt:

**Praxis-Tipp:**

Untersuchungen ergaben, dass der Montag ein Kauftag ist, da dort die Börsenkurse meist schwächer sind. Verkaufstag ist dagegen der Freitag, da an diesem Wochentag in der Regel die Börse freundlich schließt.

Der Jahreszeiten-Rhythmus spielt bei dem Kauf- bzw. Verkaufszeitpunkt auch eine entscheidende Rolle. Wie aus der folgenden Abbildung ersichtlich ist, ist die durchschnittliche Rendite in den einzelnen Monaten unterschiedlich.

*Rendite in Prozent*

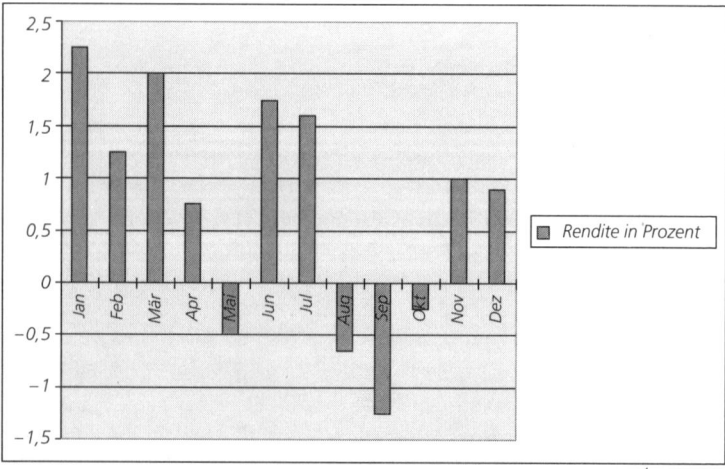

In den letzten 30 Jahren war nicht der Crash-Monat Oktober der schlechteste Börsenmonat, sondern der September. Aus dieser Statistik lässt sich nun ein weiterer Anlagetipp ableiten:

**Praxis-Tipp:**

Kaufen Sie im November und verkaufen Sie im Juli! Hätten Sie diesen Tipp konsequent in den letzten 30 Jahren beherzigt, so hätten Sie deutlich bessere Renditen erzielt als bei einer Daueranlage.

## Zehn Tipps für Ihren Aktienkauf

- **Verlassen Sie sich nur auf Ihr Urteil:** Dies ist eine sehr wichtige Regel. Achten Sie beim Kauf von Aktien stets auf Ihr Gefühl. Wenn Sie beispielsweise meinen, dass der Kurs einer Aktie zu teuer ist, dann lassen Sie die Finger von dieser Aktie, auch wenn diese in einigen Zeitungen zum Kauf empfohlen wurde. Denn wenn Sie eine solche Kaufempfehlung lesen, dann haben in der Regel schon viele andere Leute sich auf diesen Tipp berufen und die entsprechende Aktie gekauft. Folglich ist der Kurs schon höher als der Kaufkurs der Aktie bei Drucklegung der Zeitung. Da einige Marktteilnehmer solche Kaufempfehlungen als Kontraindikator verwenden, laufen Sie Gefahr, Kursverluste in Kauf nehmen zu müssen.

- **Lernen Sie Verkaufen:** Wenn Sie mit einer Aktie schon einen großen Buchgewinn erzielt haben, dann denken Sie auch einmal über Gewinnmitnahmen nach. Damit sichern Sie Ihre Gewinne. Am besten, Sie verkaufen etwa 50 Prozent von Ihrer Aktienposition. Nun gibt es zwei Möglichkeiten. (A) Der Kurs fällt: Freuen Sie sich, dass Sie einen Teil der Gewinne gesichert haben. Nutzen Sie nun die Gelegenheit, die Aktien zu einem günstigeren Kurs wieder zurückzukaufen. (B) Der Kurs steigt weiter: Freuen Sie sich, dass Sie noch 50 Prozent der Aktienposition behalten haben. Sie sehen also, egal wie der Kursverlauf aussieht, Sie profitieren immer.

- **Diversifizieren:** Setzen Sie nicht alles auf eine Karte. Verteilen Sie Ihr Geld auf verschiedene Aktien aus verschiedenen Branchen. Achten Sie auch auf eine internationale Ausrichtung.

- **Kaufen Sie nur, was Sie kennen:** Begehen Sie nicht den Fehler, Aktien zu kaufen, die Sie nicht kennen. Ein bekanntes Beispiel ist die Aktie von Turbodyne. Diese Aktie kannte kaum jemand, aber sie wurde in der 3Sat-Börse von einem Experten zum Kauf empfohlen. Die Folge davon war, dass die Anleger, die diese kauften, massive Kursverluste in Kauf nehmen mussten. Das soll aber nicht bedeuten, dass Sie nur in große Unternehmen investieren sollen. Nein, es soll nur angemerkt werden, dass ein Privatanleger keine oder nur unzureichende Informationen über solche Aktien erhält. Folglich können die Privatanleger auch nicht abschätzen, wie gut die Produkte oder Dienstleistungen des jeweiligen Unternehmens sind.

- **Gewinne laufen lassen:** Wenn eine Aktie in einem anhaltenden Aufwärtstrend ist, dann steigen Sie nicht zu früh aus, egal, ob die Aktie Ihnen schon zu teuer erscheint. Achten Sie aber auf den weiteren Kursverlauf. Sollte die Aktie dann im Kurs leicht nachgeben oder sollten die Umsätze der Aktie geringer werden, so verkaufen Sie.

- **Gewichtung:** Gewichten Sie Aktien in Ihrem Depot nach dem Risiko. Solide, risikoarme Aktien sollten prozentual stärker gewichtet werden als spekulative Aktien. Je höher also das Risiko, desto geringer der prozentuale Anteil.

- **Keine fallenden Messer auffangen:** Kaufen Sie keine Aktie, die ständig am Fallen ist. Warten Sie mit dem Kauf, bis eine Beruhigung eintritt und eine Bodenbildung erkennbar ist. Sie laufen nämlich sonst Gefahr, zu früh einzusteigen und Kursverluste in Kauf nehmen zu müssen. Kaufen Sie auch keine Aktie, nur weil sie um 50 Prozent gefallen ist, es sei denn, der gesamte Markt befindet sich am Boden. Meistens werden Kursverluste einzelner Aktien durch schlechte Unternehmensinformationen hervorgerufen.

- **Limitieren:** Versehen Sie jede Order mit einem Limit. Damit können Sie verhindern, dass Sie eine Aktie zu einem Kurs kaufen oder verkaufen, den Sie nicht für angemessen halten.

- **Gebühren:** Schichten Sie nicht dauernd Ihr Depot um. Der dauernde Kauf und Verkauf von Aktien verursacht nämlich Gebühren, die Sie erst einmal wieder verdienen müssen.

- **Keine Kredite:** Kaufen Sie keine Aktien auf Kredit, denn Aktienkurse können auch fallen. Sie sitzen dann auf einem Schuldenberg.

# Die wichtigsten Regeln für Ihre Depotzusammensetzung

Die wichtigste Regel, ein Depot zusammenzustellen, besteht darin, seine Aktienanlage breit, am besten international zu streuen.

**Praxis-Tipp:**

Es sollte aber auch die Anzahl der Aktien im Auge behalten werden. Eine zu hohe Anzahl verringert zwar das Risiko, jedoch läuft man schnell Gefahr, den Überblick zu verlieren. Ein Depot sollte deshalb nicht mehr als 10 bis 15 Aktien beinhalten, aber auch nicht weniger.

Wie schon angedeutet wurde, sollte die Anlage international gestreut sein. Aber was heißt das genau? Nun, am besten man wählt den Ansatz, wie die weltweiten Börsen kapitalisiert sind. Das bedeutet, dass etwa 50 Prozent des Depots mit Aktien aus den USA besetzt sein sollten, gefolgt von 40 Prozent aus Europa. 10 Prozent sollten als Barmittel gehalten werden, damit bei Kursrückgängen Nachkäufe durchgeführt werden können. Abweichungen sind in geringen Prozentraten möglich.

*Depotverteilung in Prozent*

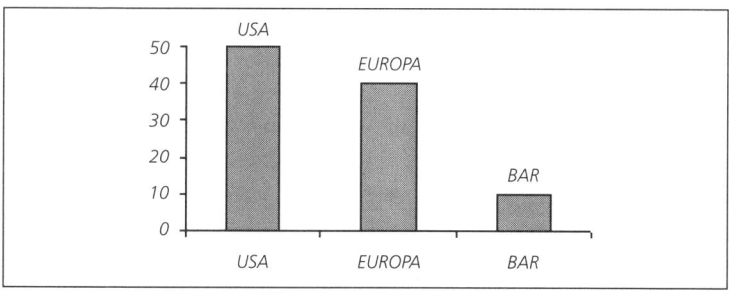

Wer risikofreudiger ist, sollte sich auch mit 5 Prozent in den Emerging-Markets engagieren. Jedoch muss man damit rechnen, dass diese Regionen eventuell noch für viele Jahre mit den Problemen, die sie jetzt haben, zu kämpfen haben. Es sollte daher abgewogen werden, ob es für die nächsten Jahre nicht bessere Anlagemöglichkeiten gibt, beispielsweise im Euroraum. Viele Unternehmen werden massiv von der europäischen Wirtschafts- und Währungsunion profitieren, so dass dort das Gewinnwachstum ansteigen könnte. Durch die Einführung der einheitlichen Währung beginnt ein Zeitalter mit Hoffnung auf Wachstum und Wohlstand. Aber ist diese Hoffnung auch wirklich gerechtfertigt? Schafft es Europa, sich von den Krisenherden der Welt abzukoppeln?

Die Chancen dafür stehen nicht schlecht, da durch den Euro der Wirtschaftsstandort Europa gefestigt wird. Es entsteht durch die elf Länder der zweitgrößte Binnenmarkt der Welt, in dem nur etwa 10 Prozent des Bruttoinlandsproduktes vom Export abhängen. Dies ist daraus zu erklären, da Exporte in die Mitgliedsstaaten ja nicht als Exporte gelten.

Jedoch bestehen auch Gefahren: Um den Erfolg der neuen Währung zu sichern, ist eine Reformpolitik notwendig. Es müssen Steuer- und Sozialsysteme reformiert werden, um ein langfristiges Wirtschaftswachstum weiterhin zu ermöglichen. Diese Hoffnung auf eine wirtschaftsfreundliche Politik ist mit dem Regierungswechsel jedoch stark gedämpft. Daher sind die Chancen für einen dauerhaften Erfolg gesunken.

Auch die Äußerungen bestimmter hochrangiger Personen der neuen Regierung, bezogen auf die Einmischung in die Politik der Notenbanken, führen nicht zu einem Vertrauenszuwachs in die neue Währung. Neben diesen Gefahren ist ein weiterer Grund für diese Diversifikation die Tatsache, dass die Auswahl von Aktien einfach größer ist als z. B. nur in Deutschland.

Es besteht weiterhin die Möglichkeit, in Branchen zu investieren, die es im Heimatland nicht gibt. Dieser Sachverhalt wurde weiter oben

144

im Buch schon näher erläutert, nämlich, dass es in Deutschland z. B. keine Ölindustrie gibt. Dieses Beispiel wird nun nochmals erweitert:

Kennen Sie in Deutschland eine Rohstoffaktie? In Kanada beispielsweise haben Sie eine große Auswahl davon.

Mit einem international ausgerichteten Depot können Sie auch regionale Krisen überstehen. Wenn es z. B. in Deutschland durch eine schlechte Wirtschaftspolitik zu einer Rezession kommt, so ist in Deutschland mit fallenden Kursen zu rechnen. Diese Kursverluste würden wahrscheinlich regional begrenzt bleiben, schlimmstenfalls Europa mit anstecken.

Wenn Sie nun aber 50 Prozent in den Vereinigten Staaten von Amerika investiert haben, so können Sie Kursverluste in Europa mit Kursgewinnen aus Amerika verrechnen. Das heißt nichts anderes, als dass Sie sich von bestimmten Regionen der Erde unabhängig machen.

**Praxis-Tipp:**

Beim Kauf von ausländischen Aktien sollten Sie einige Punkte beachten: Kaufen Sie nur Aktien, die Sie kennen, und wenn möglich, an deutschen Börsen, um Gebühren zu sparen. Weiterhin ist eine strenge Limitierung notwendig, da die Umsätze meist sehr gering sind.

Ganz besonders interessant sind Aktien von Technologieunternehmen. Das liegt an der Tatsache, dass diese enorm hohe Wachstumsraten an den Tag legen.

Denken Sie nur mal an Telekommunikationsunternehmen, speziell an den Mobilfunk. Wenn Sie jetzt die Verbreitungsquote in Deutschland mit anderen Ländern wie z. B. Schweden oder Italien, vergleichen, dann werden Sie feststellen, dass dieser Markt in den nächsten

Jahren geradezu explodieren wird, ganz zu schweigen von den möglichen Wachstumschancen in Asien und Osteuropa. Daher sind solche Aktien ein klarer Kauf für den Langfristanleger.

Ein weiterer klarer Kauf sind Unternehmen, die sich mit der Internettechnologie befassen. Auch hier ergeben sich hervorragende Gewinnperspektiven.

Weiterhin weist der Pharma- und Biotechnologiemarkt enorme Wachstumschancen auf, so dass sich auch hier ein Investment lohnen könnte.

**Achtung:** Aber beachten Sie, dass sich Hightech-Aktien nur als Depotbeimischung eignen. Das Basisinvestment sollte immer zuerst den Blue Chips, also den Standardaktien, vorbehalten bleiben.

# Die Börse von A–Z

## 9

Die Kenntnis relevanter finanztechnischer Fach-
begriffe und deren Zusammenhänge ermöglicht
es Ihnen, stichhaltig zu argumentieren, zu korres-
pondieren und zu reklamieren.

## Die Börse von A–Z

### ADR
American Depositary Receipts(ADRs) sind verbriefte Rechte auf eine bestimmte Anzahl von Originalaktien. So ist z. B. die Firma SAP in New York als ADR gelistet. Zwölf SAP ADRs verbriefen das Recht auf eine Originalaktie.

### Agio
(Aufgeld): Als Agio bezeichnet man den Unterschied zwischen dem Nennwert eines Wertpapiers und dem tatsächlichen höheren Preis.

### Aktie
Eine Aktie verbrieft eine Teilhaberschaft an einer Aktiengesellschaft. Sie ist eine Beteiligung am Grundkapital des Unternehmens. Der Besitzer der Aktie ist somit Miteigentümer mit dem Anrecht auf Gewinnbeteiligung.

### Aktienindex
Ein Aktienindex bildet die Marktentwicklung in Form einer Zahl ab. So repräsentiert z. B. der DAX die 30 Unternehmen, welche die größte Marktkapitalisierung besitzen.

### Asset
Als Asset bezeichnet man den Vermögenswert.

### Baisse
Als Baisse wird eine Phase anhaltender Kursrückgänge bezeichnet. Sie wird auch als Bären-Markt bezeichnet.

### Bären
Als Bären werden die Pessimisten an der Börse bezeichnet. Sie setzten dabei auf sinkende Notierungen an der Börse. Der Bär schlägt mit seiner Pranke von oben nach unten.

### Bezugsrecht
Wenn eine Aktiengesellschaft eine Kapitalerhöhung durchführt, um sich neues Kapital zu beschaffen, dann gibt sie neue Aktien aus. Der Altaktionär hat dann ein Bezugsrecht auf die neuen Aktien, um seinen bisherigen Anteil am Unternehmen halten zu können. Das Bezugsrecht kann wahlweise ausgeübt oder verkauft werden.

### Blue Chip
„Blue Chip"-Aktien sind die Standardwerte unter den Aktien. Sie stehen meistens im Mittelpunkt des Interesses institutioneller Anleger, da sie eine hohe Marktkapitalisierung besitzen.

### Bullen
Bullen sind die Optimisten an der Börse. Sie setzten dabei auf steigende Notierungen an der Börse. Der Bulle stößt mit seinen Hörnern von unten nach oben.

**BOSS**

Börsen Order Service System BOSS ist ein elektronisches System, in dem Aufträge von Banken direkt zum Makler geleitet werden.

**Chart**

Charts stellen den Kursverlauf von Aktien grafisch dar. Sie bilden die Grundlage für technische Analysen.

**Courtage**

Die Courtage ist die Gebühr, die ein Makler für die Vermittlung von Börsengeschäften verlangt.

**Crash**

Ein Crash ist Kurssturz von mindestens 20 Prozent. Wenn die Kurse nur um bis zu 10 Prozent fallen, so spricht man von einer Konsolidierung.

**Depot**

Ein Depot ist ein Aufbewahrungsort für Wertpapiere bei einer Bank. Im Depot werden die Käufe und Verkäufe verbucht. Der Depotinhaber erhält in regelmäßigen Abständen, aber mindestens einmal pro Jahr, einen Depotauszug.

**Derivate**

Derivate sind moderne Finanzinstrumente wie z. B. Optionen und Optionsscheine.

**Dividende**

Die Dividende bezeichnet den Gewinnanteil, der am Ende eines Geschäftsjahres an den Aktionär ausgeschüttet wird. Die Höhe der Dividende wird auf der Hauptversammlung durch Mehrheitsbeschluss festgelegt.

**Girosammelverwahrung**

Depotkunden erhalten nur eine Gutschrift auf das Girosammeldepot, in dem die Aktien zentral gelagert werden. Sie erhalten keine konkreten Aktien.

**Going Public**

Das Going Public bezeichnet den Gang einer Aktiengesellschaft an die Börse.

**Hauptversammlung**

Die Hauptversammlung ist die jährliche Zusammenkunft der Aktionäre. Auf dieser Hauptversammlung wird u. a. über die Entlastung der Gremien sowie über die Verteilung des Gewinns abgestimmt.

**Hausse**

Als Hausse wird ein Kursanstieg über einen längeren Zeitpunkt bezeichnet. Sie wird auch als Bullen-Markt bezeichnet.

## Die Börse von A–Z

### Kassenverein
Kassenvereine sind Spezialinstitute, denen die Abwicklung von Wertpapiertransaktionen obliegt. Sie sind auch zuständig für diverse Verwaltungsmaßnahmen wie die Umbuchung bei Käufen oder Verkäufen, die Einlösung von fälligen Dividendencoupons.

### Limit
Ein Limit legt einen Preis fest, der beim Kauf bzw. beim Verkauf nicht über- bzw. unterschritten werden darf.

### Makler
Makler vermitteln zwischen Angebot und Nachfrage. Man unterscheidet zwei Typen von Maklern. Amtliche Kursmakler, sie werden von der jeweiligen Landesregierung vereidigt und bestellt. Freimakler, sie werden vom Börsenvorstand zugelassen. Sie nehmen nicht an der Feststellung der amtlichen Kurse teil.

### Marge
Die Marge ist die Spanne zwischen An- und Verkaufspreisen.

### Nennwert
Der Nennwert ist der Wert, der auf einer Aktie abgedruckt ist. Er bezeichnet den ursprünglichen Anteil am Eigenkapital einer AG bei Gründung.

### Portfolio
Der Begriff Portfolio bezeichnet die Gesamtheit von Vermögenswerten, die ein Kunde oder ein Investmentfonds besitzt.

### Provision
Gebühren, die für die Weitergabe von Aufträgen an Makler von Banken erhoben werden. Sie beträgt bei Filialbanken in der Regel 1 Prozent vom Kurswert. Diskountbanken berechnen meistens nur die Hälfte oder weniger.

### Rally
Börsentendenz mit stark steigenden Notierungen.

### Schwarzer Montag
Der 19. Oktober 1987 wird als Schwarzer Montag bezeichnet, da an diesem Tag die Kursnotierungen weltweit abrutschten. In New York stürzte der Index an einem Tag um 22,6 Prozent.

### Skontro
Als Skontro wird ein elektronisches Auftragsbuch des Maklers bezeichnet, in dem alle Kauf- und Verkaufsaufträge eines bestimmten Wertpapiers notiert werden.

**Tafelgeschäft**

Als Tafelgeschäft wird ein Schaltergeschäft bezeichnet, bei dem ein Kunde Aktien physisch erwirbt. Diese so genannten effektiven Stücke kann er zu Hause oder aber in einem Bankschließfach verwahren.

**Ultimo**

Ultimo ist der jeweils letzte Tag eines Monats oder eines Jahres.

**Volatilität**

Die Volatilität bezeichnet die Schwankungsbreite von Wertpapierkursen. Eine hohe Volatilität existiert, wenn die Kurse stark schwanken.

**WKN**

Die Wertpapierkennnummer ist eine eindeutige Identifizierungsnummer von Wertpapieren. Anhand der Nummer kann die Art des Wertpapiers festgestellt werden. So besitzen z. B. Aktien Nummern im Bereich von 500.000 bis 846.939. Die letzte Ziffer bezeichnet die Aktienart.

**Zeichnen**

Wer neue Aktien kaufen möchte, der muss diese bei einer Bank ordern. Dieses Ordern geschieht in der Regel in Verbindung mit dem Bookbuildingverfahren. Ist die Nachfrage nach den neuen Aktien größer als das Angebot, so spricht man davon, dass die Aktienemission überzeichnet ist.

# Hilfreiche Adressen

# 10

# Direktbanken

Advance Bank
Postfach 200313
80003 München
Tel. (0 18 03) 33 00 00

Deutsche Bank 24
Karl-Legin-Straße 188
53117 Bonn
Tel. (0 18 03) 24 00 00

Comdirectbank
24559 Quickborn
Tel. (0 18 03) 33 64 44

Consors
Johannesgasse 20
90402 Nürnberg
Tel. (01 30) 84 09 40

Direkt Anlage Bank
Westendstraße 162
80339 München
Tel. (0 18 02) 25 45 00

# Fondsgesellschaften

BVI Bundesverband Deutscher Investmentgesellschaften e.V.
Eschenheimer Anlage 28
60318 Frankfurt am Main
Tel. (0 69) 1 54 09 00

ADIG Allgemeine Deutsche Investment-
Gesellschaft mbH
Richard-Reitzner-Allee 2
85540 Haar b. München
Tel. (0 89) 46 26 80

DIT Deutscher Investment-Trust
Gesellschaft für Wertpapiersparen mbH
Mainzer Landstraße 11–13
60329 Frankfurt am Main
Tel. (0 69) 26 31 40

DWS Investment GmbH
Grüneburgweg 113–115
60323 Frankfurt am Main
Tel. (0 69) 71 90 90

Fidelity Investment Services GmbH
Rüsterstraße 13
60325 Frankfurt am Main
Tel. (01 30) 82 54 05

UNION Investment-Gesellschaft mbH
Westendstraße 1
60325 Frankfurt am Main
Tel. (0 69) 2 56 70

# Internet-Adressen

## Grundlagen für Anleger

*Bundesverband Deutscher Banken*
http://www.bdb.de

*Deutsche Bundesbank*
http://www.bundesbank.de

*Stiftung Warentest*
http://www.stiftung-warentest.de

## Online Banken

*Advance Bank*
http://www.advance-bank.de.

*Comdirectbank*
http://www.comdirect.de

*Consors*
http://www.consors.de

*Deutsche Bank 24*
http://www.deutsche-bank-24.de

*Direkt Anlage Bank*
http://www.diraba.de

## Finanzbereich

*Wirtschaftsmagazin DM*
http://www.dm-online.de

*Yahoo Finanzen*
http://finanzen.yahoo.de

*Financial Times*
http://www.ft.com

*Vereinigte Wirtschaftsdienste*
http://www.vwd.de

## Charts

*Alphachart*
http://www.alphachart.com

*Hoppenstedt Verlag*
http://www.hoppenstedt.de

## Börsen

*Deutsche Börse AG*
http://www.exchange.de

*Neuer Markt*
http://www.neuer-markt.de

*EuroSTOXX*
http://www.stoxx.com

*Die amerikanische High-Tech-Börse*
http://www.nasdaq.com

## Investmentfonds

*Fondsinvestor*
http://www.fondsinvestor.de

*Bundesverband Deutscher Investment-
gesellschaften e.V.*
http://www.bvi.de

## Boards

*Stockworld*
http://www.stockworld.de

*Investorworld*
http://www.investorworld.de

*Aktiencheck*
http://www.aktiencheck.de

# Literaturhinweise

*Bundesverband Dt. Investmentgesellschaften (Hg.):* Jahrbuch Investment

*Klockner, Bernd W.:* Gewinnen mit Aktien – Chancen für Einsteiger, Falken Verlag

*Konz, Franz:* 1000 ganz legale Steuertricks, Droemersche Verlagsanstalt

*Mankiw, N. Gregory:* Makroökonomik, Gabler Verlag

*Martin, Christine:* Aktien-Strategien zum erfolgreichen Vermögensaufbau, Haufe Verlag

*Merten, Hans-Lothar:* Finanznachrichten für Anleger, Metropolitan Verlag

*Merten, Hans-Lothar:* Anlagebetrug?, Metropolitan Verlag

*Merten, Hans-Lothar:* Kapitaltransfer ins Ausland, Metropolitan Verlag

*Rapf, Franz:* Aktien: Wann kaufen? – Wann verkaufen?, Walhalla Fachverlag

*Schlütz, Johannes/Köttner, André:* Internet Aktien – Investieren im Markt der Zukunft, Schäfer-Poeschel-Verlag

*Schwartz, Daniel:* Internet-Börse, Walhalla Fachverlag

*Simons, Heinz-Josef:* Aktien-Boom, Metropolitan Verlag

*Simons, Heinz- Josef:* Aktien-Baisse, Metropolitan Verlag

*Stelzer-O'Neill, Barbara:* Aktien statt Sparbuch, Walhalla Fachverlag

# Findex